内蒙古歷代方志集成

第一輯 ❷

内蒙古紀要

内外蒙古路程表

蒙古道路説明書

蒙事一斑

内蒙古自治區人民政府地方志研究室 編

山西出版傳媒集團
三晋出版社

圖書在版編目（CIP）數據

內蒙古紀要；內外蒙古路程表；蒙古道路説明書；蒙事一斑 / 內蒙古自治區人民政府地方志研究室編. —太原：三晋出版社，2022.10
（內蒙古歷代方志集成）
ISBN 978-7-5457-2592-6

Ⅰ.①内… Ⅱ.①内… Ⅲ.①内蒙古—地方史—史料 Ⅳ.①K292.6

中國國家版本館CIP數據核字（2023）第154044號

內蒙古紀要 內外蒙古路程表 蒙古道路説明書 蒙事一斑

編　　者：內蒙古自治區人民政府地方志研究室
責任編輯：張仲偉
責任印製：李佳音
裝幀設計：劉　磊

出 版 者：山西出版傳媒集團·三晋出版社
地　　址：太原市建設南路21號
電　　話：0351-4956036（總編室）
　　　　　0351-4922203（印製部）
網　　址：http://www.sjcbs.cn

經 銷 者：新華書店
承 印 者：山西基因包裝印刷科技股份有限公司

開　　本：787mm × 1092mm　1/16
印　　張：20　　插頁：17
字　　數：250千字
版　　次：2022年10月 第1版
印　　次：2023年8月 第1次印刷
書　　號：ISBN 978-7-5457-2592-6
定　　價：200.00圓

ISBN 978-7-5457-2592-6

9 787545 725926

如有印裝質量問題，請與本社發行部聯繫　電話：0351-4922268

花楞 著

内蒙古紀要

五編

民國鉛印本

内蒙古紀要

臨川花楞述

范源廉署檢

紫微指南

魏宗瀚题

魏宗瀚

蔣序

竊昔顧船宏箸。朔方有備乘之稱。默深微言。聖武附籌邊之誌。類能鈎稽戎索。遺染皇圖。使甌脫之鄉。要荒之地。皆爲防維所及。擘畫所周。惟統論夫全邊。非專詳於一部。慨自勝清道咸以降。迄乎光宣。强俄西掠回部。東扼挹婁。外蒙既馬腹鞭難。內蒙亦魚池殃及。方今日繼俄後。滿爲蒙先。未得隴已有望蜀之心。欲弱魏即蓄幷韓之策。有志之士。所以睠念國防。而竊歎增唏也。花君虛白。游學東瀛。眷言西顧。目擊鄰氛之迫。心傷國步之艱。杖策歸來。未遽投班超之筆。著書發憤。願得附史氏之林。爰撰內蒙古紀要一書。以冀警醒同袍。綢繆未雨。凡地文人文之狀況。東盟西盟之源流。莫不皎若列眉。瞭如眎掌。以視何魏二氏之籍。雖範圍有廣狹之殊。而精神有獨到之處。取材既富。隸事亦精。後附史畧一編。表往昔元代之雄圖。慨末世清廷之失策。天非常醉。海易生桑。

成敗由人、古今同揆。不佞雒誦數過。感慨滋多。今之陰山北去。大漠南來。白狼烏桓。原萬里金甌之屏障。奈曼敖漢。皆千秋鐵券之藩封。要在翊衛神京。重在消弭邊警。嗚呼。山川聚米。馬伏波制廚有才。利病成書。顧寧人於今不作。陸沈可懼。國恥疇興。花君迺輯其舊聞。成斯傑搆。滿紙皆憂時之淚。呼天非無病之呻。上下縱橫。淋漓悲壯。心長語重。慮遠思深。探史筬而自具三長。懸國門而難更一字。杜征南平吳將畧。早在胸羅武庫之時。左太冲作賦才華。可徵紙貴洛陽之價。是爲序民國五年秋應城蔣作賓秋間銳姪過廬白於都中自言與予家舊姻銳姪不知誰何但言江西臨川人而口操蜀音廣地藏庵予聞而訪之問其家世驚曰君祖五十年前予鄰居而葭莩戚也君其孫耶問其堂上七旬老母尚存問操何業由蜀歸已入學食餼王革珊守撫州時賞識其文問近何著作出一編示予讀之則內蒙古考證詳確嗟乎中國以蒙古為藩籬近年粉飾新政百端林立獨於蒙

古漢視馬君作此誠有心人哉今之達官貴人與夫熱心愛國之士儻瀏覽是編而急急圖之庶不負作者之苦心也夫

民國五年十二月下浣珠巖山人高樹序

羅序

吾見夫鄉人之處室者。其父若兄坐堂皇。子若弟供奔走。日唯竊竊焉高閈閎繕牆垣固扃鐍厚積藏之是務。而無或乎稍懈。曰以備不虞也。噫可謂智且能矣。治國亦何以異是。今夫滿蒙。國之閈閎。畿輔之牆垣也。互市以來。扃鐍不固。積藏不密。其視眈眈。其欲逐逐。且羣相伺于吾側。斯其爲不虞也大矣。不爲之指津梁。嚴守備。徒患鄰之强而自安於弱。徒責人之狡而自甘於愚。迺所謂明于小昧於大者也。其可乎哉。花君盧白蓋知之矣。盧白本究心於輿地兵謀之學。奔走海內外十餘年。曩嘗陟戎壁之墟。憑弔成吉思之遺烈。愾乎有今昔河山之感焉。今且舉軒輶之所採訪。驛館之所紀載。搜而輯之。都爲五卷。名曰內蒙古紀要。付之梓以問世。觀其所指述。差有異乎嚮壁虛造之所爲。或亦怵邊事之日難。守備之不容弛。促起國人之防禦性。以貢其所得乎其志趧。已吾故樂爲之序。以與國之人共相勉乎斯義而推墍之。毋爲鄉人笑焉。且日夜望盧白之進於是而更有作也。合肥羅開榜序

弁言

歲乙卯居東肄學。恥日人之脅我以最酷條件也。投袂歸來。息蹤滬上。五月七日。我竟以無力抵抗。屈認五號二十一項之要求。辱國喪權。莫甚焉。彼日本朝野軍政家。夙持北進之陰謀。實現其大陸政策之主張。至是而得以長足進取。顧瞻我國。寒已及於肩背。禍將中於腹心。縱及今作亡羊補牢之計。奮起以圖存。而環吾國者。欲逐逐。視眈眈。相逼以俱來。實有應接不暇之勢。患固匪止日本也。然度勢量權。則以日患爲尤烈。迹其肘腋逼處。遠蹠高舉。戰俄之後。卽奪取旅大兩軍港。邇復乘歐戰之便。假英日同盟爲口實。破壞均勢。攻取青島。尋釁抵鐵。無微不至。蓋其既併朝鮮。卽圖南滿以爲屏藩。覬內蒙以爲外衛。此擴張領土之野心。路人皆見也。今駸而實以浪人。盾以武力。內蒙將奚恃而不危乎。滿蒙之勢。已入彼括囊之中。而更有旅、大、膠州。據爲犄角。其一舉手投足之間。直輕重我北京。而有餘矣東西盟各部轄境遼金因之以蹂躪中原雄踞黃河以北滿淸入關亦惟科爾沁等之疏附奔走於前喀喇沁等之嚮導內應于後無他形勢利便故也左文襄有言中國邊患西北劇于東南又言保新疆即所以保蒙古保蒙古即所以保北京是則日本之內蒙侵入危急存亡可想見已生存競爭爲人道所不能避而于國際團體之間其形愈顯而其勢愈劇我國遭時艱難幾無實力以自衛于國際競爭之時今又蒙此奇恥尙忍不持猛進奮鬭之精神以力圖富强乎况我國地大人衆儘有可爲即僅以內蒙一隅論有數十萬方里之沃壤物產廣饒而人民又復服從忍耐以之充軍實備教戰已足以雄視乎東方舍此不圖而坐待强鄰之俎割不重可傷哉吾聞之多難足以興邦若因今日之奇恥而激起通國人心常懷寇至無日之懼則今日之內蒙侵入未始非貽我良藥起沈疴于九死之餘也余奔走海內外目擊邊事日非編成內蒙古紀要一書都五

篇。約數萬言。以爲鞏固國防之一助。或亦國人所樂聞而教之者夫。

民國四年十月

臨川花楞

凡例

一　向來蒙古書史類關沿革鮮能喚起讀者精神是書翔徵博考切實調查與普通地誌甚有區別

一　是書共分五編一總論二地文三人文四各部狀況五史略

一　書內字傍有‖號者係指地名｜號者係指人名

一　日人調查蒙事綦詳是書事實間多採取並列舉參考書於后以昭徵實

一　地誌非圖不明日本兵林館所刊內蒙古概見略圖又關東都督府所刊物產畜產兩圖及他書插畫撰要附入用備參考

一　述者識淺學膚旅次編輯圖書不備疏略之處知所不免海內宏達幸匡不逮

編者識

引用圖書目錄

聖武記魏源撰

朔方備乘何秋濤撰

蒙古考略龔柴撰

大清一統輿圖胡林翼著

蒙古游牧記張穆撰

東蒙古之眞相日人松本雋撰

東蒙古日人宮本林治編輯

滿蒙處分論俄人黑鴿公著日人大井包孝譯

滿州地誌日人守田利遠編

滿州要覽日遼東兵站監部編

蒙古土產日人一宮操子撰

蒙古及滿州日人鳥居龍藏編

現代蒙古日本農商務省商工局譯

蒙古地誌日本參謀本部編

此外關於蒙古雜誌及各種小冊不及備載

目錄

第三編　人文地理

第四編　各部之狀況

第五編　史略

成吉斯汗

大喇嘛

扎賚特旗王府

蒙人捕馬竿之圖

固定式之蒙古包

喇嘛廟開市之光景

蒙古包之形式

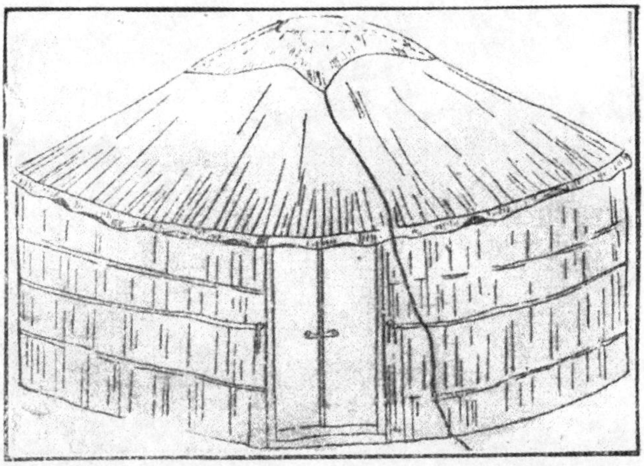

移轉式之蒙古包

蒙古之黃羊子

蒙古之牛

內蒙古紀要

第一編　總論　　臨川花楞虛白編述

一　蒙古及內蒙古之意義

蒙古者。位於長城之北。世稱北藩。地絕沙漠。在漠南者曰內蒙古。在漠北者曰外蒙古。外蒙古之西北。有唐努烏梁海。及科布多。又西南有阿拉善額魯特。都以蒙古稱。本書編述內蒙古紀要。特沿歷史地理之舊稱。專限於東四盟西二盟。設有扎薩克者而言。至若察哈爾之轄於直隸口北三廳。歸化城土默特之轄於綏遠城將軍。或歸化副都統。不置扎薩克者。統不入內蒙古。他書或稱為內屬蒙古。內蒙古之東南。逐年開拓。其劃歸東三省直隸管轄者，數達幾萬方里。但於行省未建設之前。仍敘入內蒙古部。別表出其設治所在。以見啟蒙之一端。今欲區別明確。表列於左。

- 中華民國
  - 本部（二十二省）
  - 藩部
    - 北藩
      - 內蒙古
        - 東四盟
          - 哲里木盟
          - 卓索圖盟
          - 昭烏達盟
          - 錫林郭勒盟
        - 西二盟
          - 烏蘭察布盟
          - 伊克昭盟
        - 歸化城土默特
        - 察哈爾八旗
      - 外蒙古
        - 車臣汗部
        - 土謝圖汗部
        - 三音諾顏汗部
        - 扎薩克圖汗部
      - 科布多
      - 唐努烏梁海
    - 西藩
      - 青海
      - 西藏

二　位置面積

內蒙古位於戈壁之東南。當直隸山西陝西之北。奉天吉林二省之西。面積極廣。因無精確測量。約達數千里。（據日人內蒙東部之調査總面積約達三十二萬四千方里）

三　疆界

內蒙古東西六盟之地、東界東三省。南界盛京。直隸。山西。陝西。甘肅。西界西套蒙古北至沙漠外蒙古（按日人所述疆界不一、大抵以內蒙古東盟爲東蒙古、而涉及內屬蒙古、最近日本關東都督府出版東蒙古書假定界綫、又包舉車臣汗土謝圖兩部、進歸外蒙、野心如見、規畫蒙疆者、誠不可忽也、）

第二編

地文地理

山脈

全蒙山脈。分爲二大幹。一崑崙山脈。一阿爾泰山脈。內蒙古之山脈。蓋自崑崙山脈所延長者也。陰山大興安嶺。厥爲內蒙古山脈之大幹。大興安嶺南部之蘇克科魯山綿亘于其南。陰山山脈東北部之舒瑪哈達嶺七老圖峯盤旋于其北。南內蒙古之地勢。卽以形成。

陰山亦名大青山、起自內蒙古境、河套西北。蜿蜒東北走。爲狼居胥色爾騰翁金朔龍等山。綿亘于內蒙古烏拉特茂明安喀爾喀右翼四子部落蘇尼特阿巴噶阿巴哈納爾等旗。連接於土默特察哈爾之境。自陰山山脈。分延而東。爲舒瑪哈達嶺。即察哈爾直隸山西之界。其北端東折。爲七老圖山脈。更北走爲松嶺山脈。羣峯中最高之過三千尺者甚少。但傾斜急峻。深谷斷崖。以七老圖爲甚。山地附近。爲喀爾沁。

北爲遼河流域、南爲熱河灤河之分界。更由陰山山脈之分支中。有海喇喀山、當西喇木倫河源。自山而北。接于興安嶺。自山而東南。爲直隸境。有蝦蟆大衍毛金明安等山、凡直隸境內之蒙古各旗、若克什克騰、若翁牛特。若喀喇沁若土默特。喀爾喀左翼。若敖漢若奈曼。均游牧于山麓之北焉、是脈起自河套西北、斜貫奉天邊墻。直沙漠之南。橫當長城之北。延長殆及二千餘里、

興安嶺脈。起自海喇喀山、當西喇木倫河之上源、東北走行于內蒙。就中蘇克科魯山山脈之西南、接于陰山西北趨。爲大興安嶺、勢至險峻。峯巒重疊、富有大古之森林。幾疑東西交通、爲之遮斷。豈知最高部之在于克什克騰附近者、乃不出海拔四千尺內外、近于黑龍江省者。厥有鬱蒼之森林。在于蒙古部者。連山草秀、谷間偶生針葉樹。至科爾沁北部。有樺柏等樹、層峯絕頂。高在百米達或三百米達之間。傾斜緩漫、實不妨人馬攀援。山之東側、比于西側。稍形急峻。自北而南。傾斜之度漸增。其幅員反于高度。即在克什克騰者。不過十里內外。若至巴林烏珠穆沁則擴大至三

四十里焉。更進至索倫附近。竟達七八十里。嶺西為高原。氣候寒冷。現今殆無甚利源。可以開拓。其東側及東南方。為無限之原野。未開之地甚多。貫于嶺之東西。并有數條車道。以聯絡各部落。嶺有支脈。曰奇爾巴爾山。曰特里野山。在哈爾奇爾河之間。曰約孫海拉蘇山。曰翁袞山。皆東南行。在郭特爾河與陶爾河之間。科爾沁部高原在焉。本幹又自蘇克科魯山迤北趨。為索岳爾濟等山。聳立於滿洲蒙古之間。陶爾河源之所自出也。嫩江西岸之支流。發源于山之陽。鄂爾呼河、喀爾喀河。發源于山之陰。滿蒙間之高峯也。然雖起伏高下。其足以通行者亦復不少。

二　河流

黃河自青海蒙古流入甘肅省。又自甘肅省經寧夏北出長城。入內蒙古。北流、經鄂爾多斯右翼旗之西。東受托蘇圖河。至白塔東。有渡口。白塔者。又稱定口。鄂爾多斯與阿拉善之通道也。又東北流。析為二泒。一東流。曰南河。一北流。曰北河。北河滙為騰格里泊。又分一支。曰薩哈齊喀河。三支流者。均沿阿坦色爾騰翁金朔龍等山之南麓。東流經鄂爾多斯右翼後旗北至烏拉特中前後三旗之東。復合而東流。南納布爾哈蘇台河。喀喇河。西都爾呼河。經烏拉特旗南至包頭村。有渡口。包頭村者。亦名巴爾朱城。在于河之北岸。烏拉特鄂爾多斯阿拉善諸旗之貿易場。河套近處之一大市鎮也。又經東鄂爾多斯左翼後旗北。北納博托河。蘇爾哲河。圖爾根河。南納哈莽那河。圖折根河。會合處有渡口。曰托哈托。霍托。歸化城與鄂爾多斯之通途也。河流至此。折而東南。經鄂爾多斯左翼前旗。東與山西歸化城爲界。自此遂南流。復折而入長城。爲山西陝西之界。黃河自出長城。北而東。東而南。成一大灣曲。是名河套。流甚和緩。非若內地黃河之急。故舟楫可行。鄂爾多斯部七旗。皆牧于河套內。套內土田肥潤可耕。隨處有引水故道。遺跡猶存。足徵古昔農事之盛也。

嫩江。一曰嫩泥江。又云腦溫江。發原于大興安嶺之伊勒呼里山之西南。經墨爾根城西南。折流經齊齊哈爾城西。凡千餘里。入內蒙古杜爾伯特旗西。扎賚特旗東。西流會雅爾綽爾兩河。水勢大盛。又東南有陶爾河自西來會。水勢益盛。又東南經郭爾羅斯前旗北入吉林省而合于松花江延長百七十餘里河底概挾泥沙幅約五六百米達水深平均五六尺而至八尺陰歷四月頃爲氷解期江水暴漲土人謂之桃花水又陰歷六七月間雨降兩岸横溢此江河身廣闊中多島嶼水漲時有潰決少灌漑之利而輸輓甚便自伯都訥至齊齊哈爾中俄小汽船往來其間絡繹不絕今特舉其支流列表如左

嫩江各流
- 雅爾河支流
  - 哈達罕河
- 綽爾河支流
  - 庫倫河
- 陶爾河支流
  - 洮兒河
  - 奎拉里河
  - 交河

以上無論何流水深僅五六十珊實無舟楫之便也

遼河流于蒙古東部及滿州西部之大河也。有西喇木倫河與老哈河二流。流于遼源州（鄭家屯）附近。水深在五六十米達之間。普通約四尺。由通江口下流。自五六尺及于丈餘。往往有淺灘。妨大船之航行。自鄭家屯以上。尚未開導。渡船之設備不全。僅達賴罕旗，有小舟而已。故至上流。常用牛車或馬車之涉渡。惟巴林有堅固之橋焉。土人呼爲西遼河。單稱則爲西喇木倫河焉。

西喇木倫河者。源出木蘭圍場之北。大興安嶺南端之百爾赫賀爾灣。併諸細流。東北奔。過克什克騰。流于巴林與翁牛特旗之境。經奎蘇附近。合于老哈河。其下流更分爲二。北流者曰西喇木倫河。南流者曰南河。或曰老河。

遼河流域極長。但一年中殆有半季結氷。每年十月十一月結氷。至四五月間。氷始解。然沿岸廣大肥沃之地。雖屬不少。然每因上流沙礫排洩而下。漸變爲沙漠之地。且河水年年有減少之傾向。將來若施以人工之開鑿。水運之利。載重之小舟。當遠達于赤峯。遼河之利。詳後水運。今將遼河支流表示如左。

- 遼河本流（自營口至三江口）
  - 東支流
    - 東遼河
      - 大平河
      - 十屋河
    - 松蘇太河
      - 條子河
      - 道二河
  - 西支流
    - 西遼河…又云西喇木倫河
      - 察罕木倫河
      - 老哈河……
        - 英金河…
          - 錫泊河
          - 卓孫河
        - 新邱爾河
      - 邗拉特河
      - 達苦幾麼河
    - 巨流河
    - 養息木河
    - 鷂鷹河

松花江。一名混同江。土人呼爲吉林江。又烏拉江。環流于郭爾羅斯前旗之東境。二十餘里。爲吉林與蒙古之分界。其江幅七八百米達。水深三四米達。自伯都訥之上下流。小汽船或帆船。得以通行。自五月至九月之航行者。絡繹不絕。即結氷之期。江上利用氷撬。運輸亦便、

灤河自獨石口東北約三千里牧廠界內之巴顏偏古爾山發源。西北流。經獨石口廳

口約二十五里。入多倫諾爾廳界。復北流東北經舊開平城內。稱上都河。又折而東南流。至柳條溝。約六十里。始入豐寧縣內察哈爾鑲黃旗之境。至僧機圖汛之東。又南向至大廟灣。屈折于山谷之間。東南流經韭菜梁。又東流過正白旗之境。經鳳凰山。至郭家屯之東北。會于小灤河。南折自大對山之側。由東向南。至北店子。過鑲白旗境。南流經興隆莊。至張博灣之北。會興州河。東折至小營子。會于伊遜。沿伊瑪圖河而合流。遂繞喀喇河屯行宮之北。東流而南。至石門子。由是入承德府境。東流至下營子。合熱河。南折經上板城。至白河口。會前白河及老牛河。更東南流。經下板城。至瀏河口。會瀏河東河東南流。至門子哨。沿平泉州之西境、會黃花川清河豹河。至潘家口。入長城內。更南流。至永平府。會青龍河。至灤州。橫斷京奉鐵道。下流分爲數條。注入渤海。此河古名濡水。其水清明深瀯。自河口至灤平間。有舟楫之便。延長三百八十里。曲折甚多。全流殆在山谷之中。斷崖絕峽。頗繞風景。自灤州上流。至灤平間。載重十二石之帆船。得以溯航。河幅七八十米。達水深三四尺。兩岸平地甚多。足資耕種。其支流之最大者。爲熱河。其他庫爾奇勒河。（一名小灤河）錫喇塔拉河。（一名興州河）伊瑪圖河。伊遜河。前白河（亦曰乾白河）老牛河。車河。黃花河。淸河。澈河。及瓜地溫泉等是也。

熱河有三源。一出圍場之東南界察罕陀羅海之西。匝都古爾卡倫之南方而發者。在熱河行宮之東北三十里。是爲西源。一出自平泉州內喀喇沁右翼旗之西境。默沁達巴罕之玳瑁溝者。其一在于喀喇沁右翼旗之西南境。出自霍爾霍達巴罕之西方之三道溝者。是爲東源。合三源而西南流。經黃土坎行宮及釣魚台行宮之東。又西南流。環繞避暑山莊之東。行宮內有溫泉。注之始名熱河。南流至下營子入灤河。卽古之武列水也。

三 湖沼

內蒙古湖沼極多。克什克騰部之達里諾爾。自陰山山脈及興安嶺山脈。發源之泉流。瀦爲小湖。南方自內屬蒙古察哈爾八旗牧地。星布于錫林郭勒盟各旗。其數殆難枚舉。中有二三之鹽湖。其產額最良而且多者。在于烏珠穆沁旗之大布蘇圖泊。達里諾爾者。即達里泊又稱捕魚海子。在內蒙古之西南部。克什克騰旗之西北三十里。位于海拔四千二百尺之高地。大湖周圍幾達三十里。公姑爾河對猪河等水。皆注入之。湖中有島嶼。富魚類水禽之利，其魚類輸出于多倫諾爾地方。每年五六月間。自湖水溯流而上。河渠幾為之塞。克什克騰阿覇垓阿巴哈納爾諸部之土民。均賴其利。魚產以滑子魚為最多。在湖之東有崗愛諾爾。廣約十里。兩湖有小河相通。湖水所含鹽分頗富。冬季結氷達三尺至四五月間氷始解。

附　貝爾諾爾在車臣汗部。一名布伊爾湖。地跨蒙滿疆界之大湖也。其他月亮池白水濼百湖黑水濼博羅呼吉池固爾班泊察罕泊呼爾泊諾滾呼倫泊等名稱甚夥。而阿拉善額魯特旗北。有吉蘭泰鹽池。周百餘里。地在于阿拉善為最低。然已出海面三千一百尺。惟附近草木稀少而產鹽獨多。地畔凝鹽自二尺至六尺。遠望如雪。鹽質潔白良美。名為吉鹽。鄂爾多斯蘇尼特諸部。皆產鹽。然不如吉鹽之美耳。

四　沙漠

內蒙一帶之地。河川流域。僅占少數。除興安嶺及陰山山脈外。他皆含沙地帶也。然其含沙量之厚薄。影響于交通上及其他。自不無多少之差。若在于興安嶺東部。西喇木倫西部。自錫林河附近而北。地盤概含砂土。質甚堅硬。車行頗易。且青草繁茂。適于牧畜。其橫亘于內外蒙古之中間。是曰瀚海。或曰大磧。茲就內蒙而論。由蘇尼特部之北方。經阿覇垓旗。至克什克騰旗之東。因興安嶺山脈為之遮斷。由此更至西喇木倫之上流。沿而東走。至遼河而盡。其延長約達五十里。幅員之廣狹不一。若在阿覇垓附近者。其幅員約達四十里。由是而東。沿西喇木倫。或大或狹。不過五里或十里。至老河附近。幅員漸廣。十里或二十里焉。若入奈曼王旗。更為廣闊。自三十里至四十里。至達賴罕王旗間。是等沙地。多類燼灰。由細沙粒而成。纖小粗鬆。有灌木雜草以蔽之。形成圓錐狀之沙堆。漢人謂之沙坨子。蒙人謂之莽哈。甚或為白皚沙山。車行極難。其沙之深。表面雖為五六寸或一尺弱。而下層恒達數尺。大風揚沙。

漲天欲晦。幾至咫尺不辨。車輪馬跡俱淹。恒誤方向。惟降雨之際。浸潤力甚强。不受影響。若在沙坨子中。擁抱低濕之地。全爲特別土壤。青草穠秀。漢人稱之曰甸子。蒙人稱之曰他拉。大小不一。甸子之中。往往有一隅之溜池。產少數之天然鹹。住于沙漠地之居民。大抵擇低平地而構居。以從事于牧畜。或耕作。甸子地盤堅硬。故沙漠地帶之道路。乃多甸子。雖道路有屈折迂迴。究有通行之便也。按蒙古沙漠。東西約三千四百里。南北約一千四百里。西部草木稀少。是爲瀚海。東部爲小沙漠。其中大半雜有草原。若奉天之洮南府境。以及直隸多倫諾爾北之蘇克科魯山。山之左右各地。隨處有小沙漠。雖無巨流。頗饒泉泊。有魚鹽之利。關內流民爭趨之。又陰山以外之蒙地。約爲漢之雲中五原二郡。其沙漠中雜有草原。且多井泉。可耕可牧。此等耕地。除井水外。多藉天然雨露天然水泉之灌溉。而大漠茫茫中央及其西部。雨量極少。水泉甚稀。我國沙漠中。鑿井之法。秦漢已有遺留。今若仿行是法。原來有井之處。再爲增鑿。原來乏水之區。當精探伏流。盡力穿掘。必期得水。以達灌溉之目的彼渺渺沙漠。不將變爲適宜之樂土乎。且中國內部。黃河爲害。寧夏一隅。引渠灌田。獨收河利。昔漢武帝時有人謂鑿陰山。引黃河入大漠。以除內地水患。其中實有三利。一減內地河患。二興大漠水利。三改良大漠地質。蓋大漠槪爲沙礫。而乏粘土。植物不能繁生。河水則含帶泥沙甚多。引河以入大漠。泥沙混以沙礫。適足以改良其不毛之性質。作農業林業根本之計畫。未有善于此者也。夫北美西部之沙漠。原爲不毛之地。今已藉井水之膏澤。每年有雜粱牧草之收穫。又非洲之撒哈拉大沙漠。原來無水。不堪耕種。自歸法蘭西佔領後。搜探伏流。隨處鑿井。土人呼爲神水。近則農事興。草木茂矣。然則我國據有廣大之沙漠。邊宇多事。日俄窺伺日亟。鞏固國防。踵秦漢經營之故智。殖民興利。亦隨之而起。烏可石田視之。

五　氣候

蒙古隔絕海洋。純爲大陸性。晝夜寒暑之差。亦至不一。且因地形之高低。山脈之向背。人烟之疎密。各不一致。故其氣候之變化。隨之而異。卽如興安嶺之東部。氣候殊似北滿秋季靜穩。晝間稍感溫暖。倘踰興安嶺而至西部。出人烟稀少之高原。寒氣酷烈。朔風刺肌、若在南部。與內地接壤地方氣候頗近溫暖。然風向轉爲西北時。立刻劇變、茲特舉興安嶺之東西部而概說之。

四季之期間、蒙古氣候溫和之期間。當稱春秋。然爲期最短。冬季之寒冷。與夏季之暑熱各半。卽自三月至九十月爲暑。大抵九月下旬降霜。十月上中旬降雪。自四月上旬至五月中旬雪始解。其寒暑推移僅少時間、所謂春秋者此也。

氣候之變化　大陸地方。土地不毛。富有沙礫。氣溫之變化尤大、故蒙古冬季。若自緯度上以觀之、頗覺沍寒、夏季之熱度。比較尙屬輕微。然廣漠沙質之平原。夏季受日光之直射。溫度之放散甚速。在興安嶺東部七月之時。華氏最高百三十五度。最低八十六度。一月平均爲百三度、若在于西部。最高百二十二度。最低七十二度。一月平均爲九十二度三分。卽可見嶺之東西。暑熱有十度之差。若夫一日中晝夜氣候之變化亦奇。雖在夏季。夜間常覺寒冷。甚至有華氏二十三十度之差、所稱春秋之季。清和之日。日中覺暑。至華氏七十度升降內外。日落風起。寒冷之度驟增。而降于二十度內外。雨雪紛紛矣。興安嶺西部特甚。故四季不用單衣夏季亦著棉焉。若至晝夜之長短。關于興安嶺西部者調查如左。

八月	日出午前四時	日沒午後八時三十分	卽晝間十六時半 夜間七時半
十月	日出午前七時	日沒午後四時半	卽晝間九時半 夜間十四時半

風位及風力　蒙古四季多風。其力強大。自五月至九月間。南東西及東風起。自秋冬至早春。卽九月至四月間。有北及西北方之烈風。故夏季少。冬季多。沙漠地帶春秋之際。烈風屢起。揚沙捲木。障蔽天日。晦明不辨。至其降雨之期。爲七八兩月。然雨量終少。若在雨期多時。則爲驟雨。或亘長期而不斷。此雨一年占八分。水量頓增。一時交通爲之斷絕。然水之減退亦易者。沙漠之浸潤然也。

今就實測氣溫之度表示之

內蒙古氣候表

位置	高低溫度時刻	夏季七月 最高	夏季七月 最低	夏季七月 平均	冬季自十二月至一月 最高	冬季自十二月至一月 最低	冬季自十二月至一月 平均
興安嶺東部（闊什業圖附近）	室外日射溫度（午後一時）	一三五度	八六度	一〇三度	三九度	〇下三八度	三〇度
	室外夜間溫度（午前二時）	七〇度	五五度	六二度	三八度	下四五度	〇下四一度
興安嶺西部（東烏珠穆沁附近）	室外日射溫度（午後一時）	一二二度	七二度	九二度	三二度	〇下四〇度	二五度
	室外夜間溫度（午前二時）	六一度	四〇度	五二度	〇下四六度	〇下五七度	〇下四九度

第三編　人文地理

一住民

甲　人種人口

內蒙人種。在蒙古族中。純爲喀爾喀族、軀幹雖不甚偉碩。體格多半剛强。面額扁平。皮膚略含赭色。頰臉高。性精悍勇猛。耐勞苦。極活潑。而質朴無華。儼然太古遺風。他部蒙族之移居於內蒙者。極尠。惟漢滿之移住者爲數較多。且接近滿州直隸北部者。政令稍能普及。而漢滿蒙三族之混合種。亦漸以增加。故喀爾喀族敦朴粗獷之風。在東盟中之從事耕牧。與西盟之從事游牧者。其間相去亦爲甚遠。

蒙古人口。向無統計足徵。茲就英俄兩國人之調查。則全蒙人口約在三百萬。內蒙人口。約在七十萬。更據日人調查內蒙東部人口約在八十萬。或百萬之間。漢滿雜居者約在二十萬。大約一方里不過二十餘人。其毘連內地者。人口稍形稠密云。

乙　語言文字

溯蒙古語源之所自出。實由烏拉爾阿達語之一系。析而爲喀爾喀語。（內外蒙古語）加爾瑪克語。博蠟的語。三者。內蒙語言。全屬於喀爾喀語。其音低而濡滯。其組織同於滿州語朝鮮及日本語。自上而下。全以複音而成。是爲異於漢語之點。至其口語文語之區別、略舉之、譯以國語、列表如左、

國語	口語	文法
皇帝	汗	汗格
山	呵呵喇	阿果喇
飯	巴達	巴達加
花	維耶那	幾幾茲克
酒	耶爾嬉	達那所呵

蒙古文字之原始。蓋在成吉斯汗時代、使用土耳其族之維伊哥爾文字。爲時甚久。

及至世祖時。勅令代以西藏之八里巴文字。一棄從來之維伊哥爾文字。當時創行蒙文者。厥爲西僧帕克巴。其文字之書法自左而右。恍惚西洋之文。在昔書寫之方。以葦尖含墨書於紙上。彼學習文字者。塗墨於板而練習之。其上置灰。於灰上而以木片作書。書畢而平灰又書。是爲最古之法。今與滿州及內地接近之區。大抵改用毛筆矣。然以敎育未張。知書識字者甚少。即如大藏經。曾已翻譯爲蒙文者。近已成爲陳迹。無人研究。喇嘛僧殆全用藏經。蒙文有歸於慠屣之勢。然各僧之能解藏經者。乃又并不完全。其民間習讀之觀音經。理解殊不强也。兹據欽定西域圖志錄入所謂托忒字。其書直下右行。共十五字頭。每一字頭凡七音云。

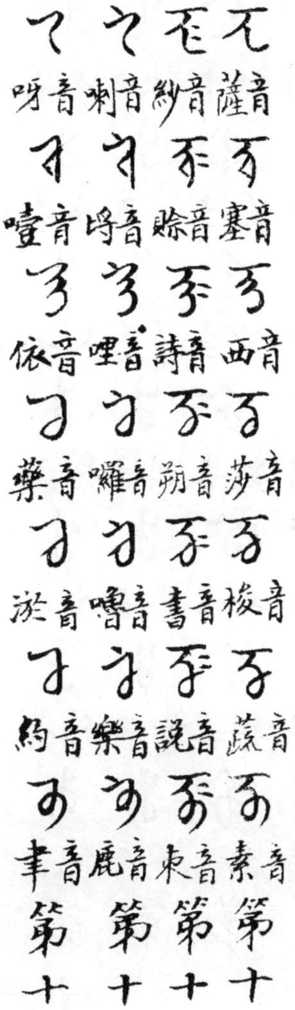

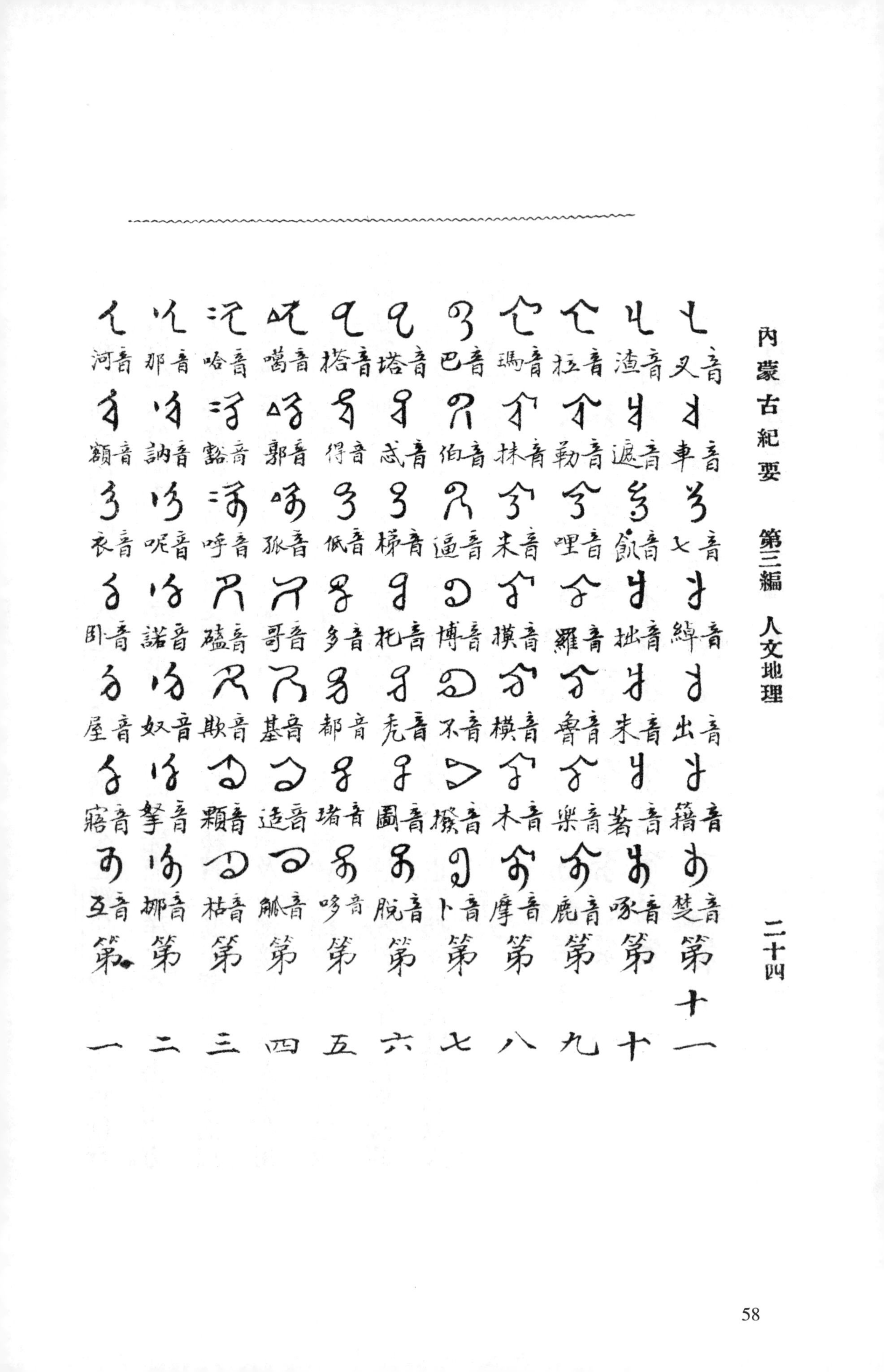

第十一	第十	第九	第八	第七	第六	第五	第四	第三	第二	第一
叉音	渣音	拉音	瑪音	巴音	塔音	搭音	噶音	哈音	那音	河音
車音	遮音	勒音	抹音	伯音	忒音	得音	郭音	豁音	訥音	額音
乇音	飢音	哩音	米音	逼音	梯音	低音	孤音	呼音	呢音	衣音
綽音	拙音	羅音	摸音	博音	托音	多音	哥音	磕音	諾音	卧音
出音	朱音	魯音	模音	不音	禿音	都音	基音	欺音	奴音	屋音
籍音	著音	樂音	木音	撥音	圖音	堵音	造音	顆音	拏音	寤音
楚音	啄音	鹿音	摩音	卜音	脫音	哆音	觚音	枯音	挪音	互音

若夫文字之造成。多由數音聯綴。茲再舉蒙藏之成文者。并列如左。

蒙古之普通文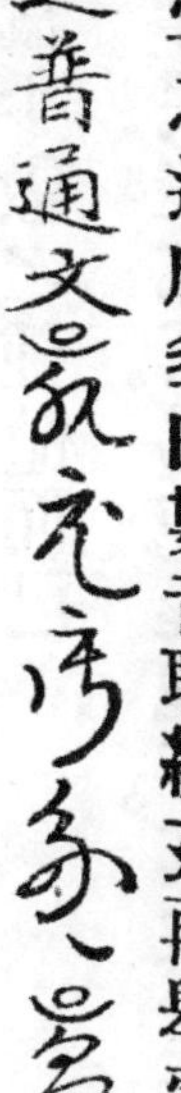譯以國語即南無阿彌陀佛之意又西藏經典文橫讀音意同蒙文

丙　住民地之概觀

蒙古民族。不郛郭。不宮室。不播殖。穹帳寄而水草逐。史稱游牧行國。其來已久。迄今文明大進之時。蒙人尚不脫曩昔之舊。故其住民地之狀況。依其生活程度而言。自不得不有多少之差。因概別之爲五類。

（一）純游牧地移轉式之蒙古包。

（二）半牧半農地固定式之蒙古包部落。

（三）同上地建築家屋式之部落。

（三）純農地方移住居民之部落。

（五）喇嘛之部落。或稱喇嘛街。

（一）移轉式之蒙古包。（構造詳住宅）今尚見於內蒙者。僅存於西北隅之烏珠穆沁浩齊特阿巴哈納爾各旗。及外蒙而已。蓋以近時內蒙邊境。日漸拓殖。家屋之集團。與其牧畜事業。不能相容之故也。

（二）固定式之蒙古包。內蒙東南如克什克騰巴林及興安嶺以東地方。漸次由移轉式而爲固定式。周圍繞以牆壁。家屋附近。有幾畦之畊地。然其本業仍事牧畜。大部之村落。罕見。通常不過二三或四五戶而已。

（三）建築式家屋之部落。自漢滿移邊之實行。毘接內地之蒙古。日見開發。建築家屋。雖所在恒有。然亦無最大部落。依然以牧畜爲本務。農畊爲副業。要不過對於自需糧食。爲少數之種植而已。

（四）移住民之部落。爲純農地方。其家屋多爲磚木造。有數十或數百戶之集團。所在有大小市街。商賈輻輳焉。

（五）喇嘛之部落冠絕內外蒙各地即喇嘛廟是也廟之周圍大小喇嘛之住宅鱗次櫛比其拮搆雖隨所在人民之貧富而大小不同然構造概係磚製極宏壯之觀若以他之蒙古家屋相提並論終有霄壤之別其大者戶數數百收容喇嘛數千小者亦數十或數百其附近喇嘛信徒之張幕居住與漢商設天幕而貿易者殊占多數焉

蒙古狀況已如上述法國旅行家所撰蒙古游牧地之情形概乎言之更節述之如下蒙古者地大物豐村落之羣居都市之經營美術工藝之昌明貿遷有無之事業絕少概見去文明之曙光也遠甚極目平原湖水淼茫河渠蜿蜒山嶽巍峨與黃沙白草連接於無際而已忽焉鳥飛獸走始見有人棲息於其間也至於居民之蒙古包恍若氣球之自天而下牛馬豚羊之散見於遠近者千百成羣時或有健兒策馬持竿以疾驅女子搾牛乳或飼小犢老幼婦女爭拾獸糞始知大有人在非無何有之鄉已然一經翌日前之經見者倏焉無存僅留燒殘獸矢食餘肉肋與莽莽平

沙。輝映夕陽也已。

丁　風俗

昔者成吉斯汗之慓悍英武。鐵騎馳騄乎世界。此震天爍地之勳業。凡談蒙古民族者。嘗飫聞之矣。何以至今闃然也。以樸直愨懃之性質。易喜易怒之感情。自愉快感想之。急變竟陷於悲哀沈痛之境。而迷信喇嘛教。超然於生死利害之觀念外。生存競爭。冥焉罔覺。與牛馬羊豕遊。嗜茶烟。貪醉眠。唪經皈佛。祈冥福於來世。所謂鞍上無人。鞍下無馬之勇概。究何在也。然其御悍馬以縱橫於曠漠之野。雖婦女亦足勝任。遺風未邈。利用此動機之所發。鼓舞而興起之。一洗舊染。安在不聯五族以捍外侮。雄飛世界哉。

內蒙區域廣汎。風俗習慣。未免因地而殊。大概以興安嶺為限界。自東南各地與西北各地而二分之。又由西北部以外蒙及錫林郭勒盟察哈爾而三分之。東南部則以既開拓地方。與接近開拓地方。及興安嶺山脈之麓。而又三分之。特略述之。

蒙人性情眞摯。其對於同族勿論已。即對于外來者。傾蓋如故。有擧家歡迎之風。故或旅行者。當日暮途窮時。叩戶乞宿。常蒙殷勤之款洽。然至人烟稀少。行政不及之地。匪徒出沒。村落遠隔。少與外人交。往往對於去者而生恐怖心。不輕許以入室。倘外來者人數略多。則可隨意假住。蒙人驚疑。有空室以逃避者。反之則或被其侮蔑。但有土著鄉導。或官廳旅行護照。則無他虞。然以地多荒僻。無與外國人近者。假有外國人至。彼不免周章狼狽以趨避。乃一經習見。即恬不爲怪。甚或比昵之。唯與日俄接近方面。尤有暱敵之虞。我國商人之販貿于其地者。奸詐狡儈。重利盤剝。漸以騙致其土地財產者。不一而足。且時加輕侮。蒙人縱知之。而苦于無法訴訟。加以官吏兵弁。亦數數苦之。以天眞爛漫之蒙民。愛小利。喜竊取。富于猜疑心。撫后虐讎。其欲不致貳于敵以禍邊也難矣。

蒙古民族。蓋以游牧社會而遞進于宗法社會者也。其部族間自總長以下。每族各設族長一人。于家族間則純係家長制。家長之力。享有一家之全權。然終無以女子爲家長或族長者。惟家長幼穉。則其母得代子而有一家之實權。至家長老廢不耐事。或死亡。得以其長子爲家長之相續。長子或有他故。則選擇二男或三男中之賢者以相續。倘僅爲女子。或無子時。當在同族間得選擇養子以資繼續。不使斷續。假令家長有數子。祇留長男。他得出家爲喇嘛。僧然近時有數子者、使分析而居。藉以增加戶數。不爲喇嘛者亦不少。若夫男女關係。則男尊女卑。男子或勤國事而修武。取薪材。農畊地方。則從事耕耘。女子所任。則朝夕榨乳。製造牛酪、乾酪、奶皮子、汲水、拾獸糞而乾之。貯於屋之周圍。裁衣製靴。無不任之。乘馬疾馳行於原野。不亞于男子。其業務之勤奮。性質之活潑。有獨立生活之資格。此爲蒙女子之特色。較勝於漢女子百倍者也。然其捄恤慈善之事。凡貧苦無告。及寡婦孤兒。莫不慰撫而賴養之。蒙人中無乞丐。更足異也。

（即狩獵）女子則佐理中饋。男子除喇嘛外。概留髮。日常之業務。在于牧放家畜。採

（1）衣服

蒙人服裝，半沿清制。有官服便服之分。官服大抵與前清補褂袍套無異。便服則較漢滿服裝稍形寬闊。惟束帶及地。帶之前後左右，或挿入旱烟袋餮刀燧石等物。旱烟管或挿入靴中。或挿入左腰。又或手撚佛珠。頸繫佛像，倘一外出。多携二尺餘之籐鞭以爲常。惟各地方不無異同，姑說明之。

（一）大興安嶺之東南部。在內蒙古中爲文化最爲進步地方，若以之比於西北。衣服頗覺進步。

（甲）介在開拓地方。殆與漢滿同風。殘與內地無分。

（乙）住于開墾地之隣近者。比于漢滿。稍爲粗野。

（丙）住于大興安嶺山麓地方者。比于前者。更爲粗野。且服裝不潔爲甚。

（二）大興安嶺之西北部。比于東南。更爲粗野。除一部地方外。其遠隔市場者。以土地磽确。資產缺乏。服裝之差甚著。故此等地方。爲純蒙古族之根據。倘留蒙古舊有之風焉。

（甲）住于錫林郭勒烏蘭察布伊克昭各盟之蒙民。比于大興安嶺東南部。在外蒙古住民之中間一部同于外蒙。大體與內蒙相去無幾。

（乙）察哈爾歸化城之蒙民。因邇來移民之增進。漸次同化于漢族。與內地無異。

在以上區域中。前者靴帽多由自製。鮮用市售品。婦女工刺繡製靴、故此處婦紅稍巧。若受遠客贈與。常以所繡之荷包爲答、後者則除隣近內地外。革靴荷包帽服。大半購自漢商。其能自製者鮮矣。

蒙人習于游牧生活之程度甚低、且貧寒者多。通常衣着普通均用棉布。其用絹綢者甚稀。好靑黃赤色。喇嘛則用紅黃二色之服。高級喇嘛則用黃色之服。惟其衣服。一經新着。洗濯修繕。均不經意。至汚垢襤褸不堪時。始棄而新製、或食後指汚。或食器之穢。無不拂之以袖或衣服之一端。加以日飼家畜。跨馬走沙漠中。無間于風雨。衣服之難以保存淸潔、非偶然也。

婦人服裝、隨地不同。今舉其顯著者。則爲哲里木盟之婦女。比於滿裝。廣袖闊服。裾幾蔽地。靴有長短二種。皆爲自製。頭髮則于前頭部分爲兩方。後頭部則加以結束。常揷美麗之簪。不用帽子。外出多乘車。昭烏達卓索圖二盟。略爲相同。然既婚女子。則後頭部突出爲握拳。有附以簪飾者焉。若至錫林郭勒烏蘭察布伊克昭察哈爾地方。多用珊瑚或磁料瓔珞自前方垂向後方。由耳側至頭而下垂。通常不用短靴。所穿者概長靴焉。穿耳孔而垂耳環。又與漢地無異。特異者婦人女子。大半多携旱烟管。亦習俗佑之一端也已。

（乙）食物

蒙人食品。大概以乳茶羊肉及高粱黍雜糧爲主。然緣氣候及地域之關係。產物不無異同。故食品因之稍有區別。

（一）大興安嶺之東南部

（甲）開墾地方。均爲漢滿移民。多用高粱粟小麥黍他之雜谷野菜等類。鮮有用牛乳及相似之製品者。

(乙)隣接於開墾地方者。常食爲黍粟野菜。或混用牛乳及相似之製品。與獸肉類。

(丙)大興安嶺山麓地方。牛乳獸肉等。多用之者。食黍與野菜者甚稀。

(二)大興安嶺之西北部

(甲)錫林郭勒盟地方。雜穀野菜。全無耕作。黍價甚昂。食之不易。有食之者。亦僅盈握。等於量珠。故是地之主要食物。爲乳茶羊肉等。至小麥粉干饂飩。非王公富者之宴會。鮮有用之者。

(乙)察哈爾歸化城之住民。近來開拓進步。漸有雜粮之交易。且與市場接近。故食粟者亦漸次增加。

如上分類。原難爲確然之區別。不過綜合各旅行家之所見耳。並敘其食品之概要如左。

牛乳　蒙人巧用牛乳。普通搾取之時。是在夏季。搾取之先。止犢牛於家。僅放母牛于野。縱使飽啖靑草。當夕牽至乳房。出一犢牛。使吸牛乳之後。卽別犢牛於他所。而搾取其乳。至盡後。復使犢牛恣意吮吸。一日間之搾取量。平均約四五合。一家之中。大抵有四五頭或十餘頭。搾乳之事。是爲女子專責。但於取得生乳之後。必將乳入鍋。暫爲煎煮。以二三次爲度。使成熟乳。以免飲之下痢。惟于煎時凝集之脂肪。分另行存貯。稱奶皮子。其一部則混茶食之。或仍以欵客。特奶皮子視爲牛乳中之最貴者。以爲乳精。他之大部分用製牛酪。色淸澈。類似無色酒精。或淸水。製法先取牛乳置巨桶中。待其酸敗。俾水分化解。乳精凝固。然後取置鐵罐中。調泥土牛糞。密封其口。以文火煎之。罐上附有細管。其一端垂巨盌中。盌距罐約四英尺有奇。乳經火煎。漸化爲酪。自管端下滴盌中。是爲牛酪。罐中所餘稠厚之質。另置一桶。雜以麥粉。以食傭者。餘以乳汁强煎。去其水分。置諸箱中。曝以日光。如凍豆腐形。是爲奶豆腐。恒備之以禦冬。又或爲醱酵之用。恰如製造燒酒。是名乳酒。大興安嶺之西部。或使用羊乳。有臭氣。稍帶色。與牛乳同一需要。

牛酪　食黍時攙合用之。販賣于滿州直隸邊境市場者。其質甚良、價一斤百七八十文或二百餘文。王公之赴京者。多携之以爲贈答品。

乳酒　無色透明。無臭無味。宛同清水。如飲醇醪、不覺自醉、原來蒙人嗜酒。每戶雖有釀造。其量極少。日常無用之者。

茶　蒙人酷好飲茶。由內地輸入。用法特異。茶中混以牛乳。或少許之鹽、謂之蒙茶。又奶子茶。其煮食牛羊肉、亦入茶同煎。近時開墾地方。飲茶之法。間與內地同風。然亦甚少也。

鳥獸肉　主用牛馬羊鷄豚、與他之鹿兔野羊山雉及野鳥等類。牛非富者大宴會時。屠宰者甚稀、平常不過食已斃之牛馬而已。羊肉各地通用。爲數極巨。雞豚則祗開墾地方用之。野獸之肉。以兎爲最。鹿狠野羊僅用于狩獵地方。山雉較多。至其烹調之法。僅加少許之鹽耳。惟開墾地方有使用搾醬及醬油以調和之。但無論牛馬羊豚每乾其肉而貯之。以備不時之需。獸皮則除自用爲氊被衣類外。多賣與行商。

或以交換必需之品焉。

雜谷及野草類。 雜谷以黍爲主。小麥粉亞之。又有少數地方。略同於移住民之用高粱粟者。野菜如白菜葱胡瓜等。僅用于開拓地方。若烏珠穆沁迤而西北。野菜絕無、祗生野韭、食之者鮮。雜粟產自東南部各地。西北地方惟黍不產。（黍又稱硬米）其產于東南部者。耕作無法。殆同野生之草也。惟蒙人食事無定。縱極粗惡。亦甚甘之。偶得美味。宜其大嚼無厭也。

薪材 蒙古通常薪材、厥爲獸糞。其最良好者、羊與小羊之糞是也。乾者燃燒容易。火方亦强。能用以製造鐵器。次于羊糞者爲牛糞。再次爲馬糞。駱駝之糞爲最下等云。彼獸糞之散在于各處者。到處皆是。若至沙漠地帶。牧草絕乏。獸糞難得、則有灌木叢生。以供採伐。但其生長不高。卽行枯死。然握根而焚。亦甚良好。天之配劑。誠有不可思議者已。東部之近于西喇木倫河流域者、樺柏楊柳。生植甚榮。取材殊便。倘至扎賚特方面。富有廣大之森林、豈惟薪火有資、建築之材料亦備。開墾地方。大抵多用高粱桿焉。

（三）　住宅

蒙人生涯。端資牧畜孳養生息。應須廣汎之地域。聚族而居。實與其生業不能相容。故村落之集團。多不過二三十戶。少或二三戶。遠隔數里或十餘里。開放地域外。幾無市街。平沙無垠。人迹罕覯。草泉深處。始有人居。其與內地比隣者。情形稍異。茲姑爲區分如左。

（1）興安嶺之東南部。水草沃衍。且近已開區域。故蒙民家屋。純爲磚木構造。周圍築以土牆。繞以柳柵。以白布或赤布。細書經文。懸于門前。家畜則圍飼于宅之附近。其前面側面。積儲牛糞。幾如小邱。

沙漠中及興安嶺之住民。居住爲蒙古包。或類似蒙古包。及土築之屋。然亦不常遷徙。屋之四圍。圈以樹枝。停庋車輛。牛糞之積。比于前者。其狀稍小。經幡多揭于屋頂。

（2）興安嶺西北住民居住。概爲蒙古包。自春雪初融。即擇低濕地。隨水草而遷徙。

屋之四圍、常備車輛五六部或十餘部、以爲遷徙之便。天暑草稀。牧養之事。三四日卽爾遷居。至冬季氷結。則選擇山陽以居之。故此種家屋。終無何等設備。不過集牛糞以禦冬而已、

蒙人從事游牧。起居氈幕之內。尙不脫太古草昧之風。家屋之構造。取足蔽風雨而已。然爲便于逐水草以棲遲也。則所謂蒙古包是。蒙古包有大小數種。普通高約十三四尺。下部高約四尺。中經則自家之大小而定。更爲七八尺或十七八尺之圓筒。出于屋盖之上。恍若傘形。屋盖之骨。幾同傘骨。得以自由開閉。有徑一寸內外之柳條編四。連結五六個之編條。俾易於建立解散。全部組織。係包以一二重之羊毛或毡子。恐其墜落或飛動也。以駱駝之毛綯繩而束縛之。其外部與左右上下。屋頂之毡子。均繫以繩。俾得自由活動。以資啟閉。透光散烟。宛若天窗。屋向通爲坐南朝東。門框高約三尺五六寸。寬二尺五寸。裝小扉二。有以絨氈簾代之。或並用之者。烏珠穆沁部迤北。卽王公亦且住此。特其形稍大。屋頂飾以紅絨氈以示區別而已。

內部配置。中央置地毡。富者於屋之正面設坑。室左為男子所居。禮、來賓應立于此。其正面偏左。通置木櫃。上設佛像與活佛肖像。前置佛器。並列乳肉。祭品是為佛壇。朝夕膜拜無間。室右卽為婦人居室。有大小櫃、以存納貴重物事、廚所用具。如水桶及食品等。列于中央之空地。并設有尺餘高鐵製之灶。中盛獸糞。生火炊爨取暖。于是焉賴。屋內不過四五人居住。富者有屋數間、亦甚清潔、惟帶羊肉乳之膻氣耳。毡上虱類繁生。無貧富大小皆然。若夫結屋一事。乃女子職務、其動作極神速機敏之妙。至其家具、僅二三箱。或戶棚、墊子、鍋、碗、皮囊、水桶、木碗、鐵架、火箸等耳。夏季雖隨水草繁多以居住也。區域究有一定。不能隨意。是因旗內土地均有限界。某旂由某地至某地。某地又為某台吉所有。倘超越疆界。以事牧畜。則當處罰也。

（4）　婚姻

蒙人多蹈早婚之弊。十六歲以上之男子。無不有妻。惟婦人比於男子。通長二三歲。或四五歲。婚姻之成立。不必男女同意、概依父母媒妁而定。聘禮由雙方承認。僅男家有餽贈耳。及婚約既成。女父與其近親訪於男家、入室禮佛。佛前供羊頭、乳、絹布等物。旋由男家設宴欵待。至諏吉合巹之辰。由喇嘛選定。男家父母于近傍爲設小屋。是日由新郎家、派人迎迓新婦。迎者至新婦家門前以俟。新婦戚友。均立戶前。作圓形。恰如拒新婦出發之狀。新婦出戶乘馬。繞宅三廻之後。乃導使疾驅、至新郎家。（帳或包）近隣及雙方戚友。均來與宴。并贈新婦以物。事畢。先見翁姑。禮拜佛像。喇嘛讀經。新婦拜竈。新郎父母答親戚禮。新郎亦集小屋中、對新婦親戚。一同禮拜。由是而設盛宴。有繼續至七八日者、并有樂工奏樂。

至其離婚之法。亦不具何種形式。唯離婚之事。出自夫意。逕達其意於妻家。妻即大歸。若離婚出自女子時。則女家當返還其聘禮之一部。離絕後。可隨意再婚。

婚事聘禮。通常爲馬二頭。牛二頭。羊二十頭。爲最大率。男子有室後。或有外緣。婦人不得容喙。正妻之外。得自由納妾。家政處理。則屬正妻。妾不得過問也。

（5）葬式

蒙人葬式。大別爲三。即納屍于棺。棄屍于野。火葬而拾其骨燼是也。

第一、邊境長城附近。蒙人之與漢土同風者行之。

第二　爲普通行之者。運死屍於山頂、或谷底。暴以風任雨。狐狼野鳥之啄食。倘棄置原野。三日後。無禽獸食之者。即請僧誦經追懺。是爲傳自喇嘛之教義者。風行于大興安嶺之周麓地方。

第三　稍富者行之。附以荼毘。延僧誦經。全行火燒後而拾其骨燼。經大喇嘛之許可而粉碎之。粘以麥粉。製爲餅形、或收入靈塔。或奉收于五台山之靈域。

（6）　娛樂

蒙人娛樂之法。僅唱歌與單音之樂器。及角力競馬等技而已、

樂器及唱歌　樂器爲胡弓月琴、就中以胡弓爲多。音律頗低。類似西歐之律。然必集合數人。共爲彈唱。大抵一村落有二三樂器。唱歌之本色。含有男女戀愛之意、頗流於靡靡鄙猥矣、

角力　肇自古昔。為蒙族最嗜之游戲。今則盛行于北蒙古。若逢鄂博祭日。則必舉行此技。角者著皮製之單衣。跨長靴。東西各一人。登場而鬥。以推倒對手方為勝。族長及王公臨而觀之。授勝者以獎品、平時則其部之少年。集二三人而行之。

競馬　亦於鄂博祭日行之。其外每於狩獵。或牧放途次、有機會時行之、又或驗乘馬之速度時時行之。某馬性質精悍。某某地段之距離、僅半日通過。且立標準以比較其遲速。故日日乘馬。日於馬羣之中、交換而超乘之。同時使其勞動均一。乃通曉其性質而調教之、惟鄂博祭日、必在馬羣中精選良馬而乘之。是名走馬。并以嫻騎術者控策以競走、藉以博得王公之名譽獎焉、居常門前每繫馬備鞍。以為辦理牧事之預備、故老幼婦女均諳控馭、小兒至五六歲、則隨父兄于牧場、往復帮助。而時縋于馬背。故至十歲前後。大皆獨立乘馭。不必鞍鐙。少成若天性然也、騎術上體垂直。膝下向後方少曲。無論若何運動。僅上體少動、下體之位置。全然不變。策馬而馳。則直立鞍上、腰不及鞍。縱終日馬上、亦無倦容。即婦人騎術。亦毫不異于男子。然限于代男子服務時。平常騎者甚少。苟至東南開拓之地，則漸次柔弱。婦人殆無乘馬者。若在喀喇沁土默特地方。多控驢。置小鞍。男子執鞭而隨其後。已脫蒙風矣。故健婦喜騎。當自興安嶺山脈之東南側。與西北部地方。始見之。

（7）禮儀

蒙族之祖先，以武鳴一世。嚴軍律。整軍容，明上下之分。故其尚賢敬上之風。至今不替。王公及長上之命令。無論事之若何、絕對服從，即家常瑣事。亦秘不示人。王公或有不德。非但不自怨。且對人亦欲隱之。至誠至忠之風，洵足尚也。現今儀式上之禮節。倣自前清。同于滿風。計分公務私事二種。

公務　戴制定之官帽。交相爲禮。先呈鼻烟旱烟，互相答敬。然後談論。（1）于室內晋見王公時。由侍從導入居室，當入門時。一次敬禮。至接近數步處。左膝少曲。右膝折下。或雙膝屈下。（前者爲打單跧。後者爲打雙跧。）爲最敬禮。要事呈明之後。再打跧而退出。（2）于室外奉王公召時。亦同一之姿勢。隔數步而跪。拜命後。或陳明下情焉。總之面謁王公。非四品以上者。不許面謁。

私事　例不用官帽。特冠婚喪祭之大典。迎接賓客時用之。(1)外來者車輛或乘馬。往訪于蒙古包時。至于門前不下車馬。先以大聲呼其家人。迨家人應聲出迎。則下車。或繫馬于所定之處。（蒙人無論貧富必有數頭數十頭之繫馬樁以繩及竿爲之）由家人導引前進。置馬鞭于戶口而入。略爲應酬。向左入座。主人出鼻煙敬客。客亦答之如禮。主婦並勸客進茶。及奶皮子奶豆腐。客去送于室外。惟婦女對于來賓。必親出以示歡待。非比內地婦人。閉置之若囚人也。(2)于室外遇王公長上時。僅讓道。并下車馬。以表敬意。倘無他命。待其通過。再乘馬而去。若至同輩相遇于道左時。必同下車馬。以致敬。無急事時。例須交敬旱烟。有事時則言明旨趣。多自分馳而去。其他蒙人平常起居。不裸裎。不出足向火。大小便不向于安設佛像之處。但禮拜佛像時。先端立而合什。連稱南無阿彌陀佛。然後五體投地。如此起伏連續。有至數百次者。有時遠隔寺院。趨往朝拜。亦如是焉。

（8）日常行事

蒙人日常行事。極爲簡單。大略如左。

（1）每晨起後各取茶碗中少量之水以漱其口再用水以洗其面

（2）牧放家畜

（3）頻頻喝茶

（4）日中驅畜飲水（住近川湖側者任其自飲）

（5）搾乳

（6）夕食

（7）就寢

其他不時到寺院禮拜。與奉役于王公府耳。至其素常。絕無休息儆華例。陰歷正月外。三月三日。五月五日。七月十五。八月十五。九月九日。是爲五節。爲休息之時。此外暇期。則淸潔屋包內外。招喇嘛行祖先祭典。或舉行鄂博祭典。部落之民。各集圍于野外。而恣其歡樂。又或旱魃水災。祓除不祥。與新立鄂博。皆有休息也。

（9） 旅客之接待

凡外來入蒙之人。一經問查。蒙民卽以旅客之數。携帶之物。直策馬而報告於所管佐領。或當呈明王府。則由佐領派人報之。他或隣近發生事件。一經知悉。互相傳達。頃刻殆徧、速於置郵。但旅客受有官之保護者。則待遇甚優。且有護衛兵嚮導。隨處可以寄宿、諸般物事。容易置辦、蓋蒙人服從王公命令。無論何事。不能拒絕。且樂應之。惟旅行須有定規。先由護衛者通知前去。則屯長分出宿舍。集村內之羊。與所需品。指揮村民。奔走盡力。客到着。先出茶以犒遠來者。村民交互出而應酬、幷進羊膳、異常恭敬。翌日啓行。所需人馬。可命屯長準備、又途中需馬。可稱王命徵發。無不自由。若單獨旅行。無官之保護。無論何處。均不肯留宿。常有托病與佛事而辭却者。縱使留宿。亦不親切。甚有乞牛乳而靳與者。卽門前野宿。且因汲水而亦厭之。

（10） 衛生

蒙古民族。絕無衛生之感念。優勝劣敗依然適者生存。則其強壯之體魄。足與風沙。病魔。抵抗。之故蓋其生長寒帶。旅行者親見其初秋之節冷氣侵人。小兒赤裸走游。父母了不愛憐。與以衣著。是其身體之鍛鍊。匪伊朝夕矣。維其間小兒之死者極多。至其留存于人間者必為強壯。健好也。無疑。觀其冒霜衝雪馳逐。牧野毫不覺困憊。其具備戰士之體格者。至高烏可輕忽視之。

然而蒙人非絕對不用醫藥也。又非全不解醫術也。在喇嘛中夙以研究醫術稱。且有多少之發達。所謂醫學之研究地。即在西寧附近之塔爾寺焉。喇嘛之到其處修學者不少。畢竟喇嘛者在以布教而欲修得仁術。然其流弊所至。每引病氣為惡魔作用。故主退治惡魔。歡用醫藥。專事祈禱。并貪逾分之報酬。故祇富者受喇嘛醫之診治。貧者僅讀經以祈平癒而已。然以如此狀態。疫癘不致猖獗者。則以其羣居者少也。其傳染最多者。首為梅毒。眼疾次之。其他頭痛腹痛腰痛者不少云。若欲歡聯蒙族。用資捍衛。先施醫術。以博其悅服。將來備干城之選。大有望者。

蒙古地方之害虫。蠅、蚊、臭虫、虱、蚤、等類是也。蚊之數不多。不至有防安眠。臭虫則磚土家屋雖有亦少。惟蠅與虱蚤到處滋生。足以困人。但至游牧地。則蠅之化生者少。蓋以家畜每于日出離屋包而牧放之。蠅亦羣隨之以去。以其遠於屋包故也。其外土地乾燥。地面蔽以淺草。且部落之爲數甚少。害虫發生亦少。然至包內之牛羊體上。偶有寄生虱類。然比之內地市場爲少。蚊虻半存在谿谷之中。蛇及毒虫各處皆稀。飲水多藉天然。在張家口庫倫之官道上各驛。及開拓地方。均有井泉。約深五六尺。水質良好。東部鄭家屯洮南附近。到處井水。含有鹹性。不甚良也。

游牧地方。則井泉與瀦水混用。然其所在。往往隔絕。有一二日行程。始能得水者。故旅行家必携水以行。至其井戸構造。甚不完全。其開口處。僅覆以樹枝或編條。而防其崩壞。井側之土及汚濁時能浸入。且掘不甚深。又不浚渫。因之井底泥積甚深。飲用之先。須候清澄後。方可煮沸。若夫湖沼之水。雖爲清瑩。然附近爲家畜之集合所。混入糞尿。且含鹽分。水量甚少。若人員之前往過多。不可不預爲設備。此通行所以困難也。

（11）社會之狀況

蒙古社會之現狀。極爲單純。其階級爲三大列。王族喇嘛及平民（蒙語謂之黑人）是也。

王族者元朝之後裔。或其重臣之子孫。曾受封爵。自各旂之酋長。以及台吉以下。其總數不一。

喇嘛在蒙族中。與上流伍。其勢力至不可侮。高德之喇嘛。片言單語。雖王公亦不得反背。喇嘛又爲蒙中之稍解事理者。經營。蒙古。斷不可。輕視。之。

黑人其類不一。有往昔蒙族奴隸之子孫者。有滿漢之土著者。有旗人所生庶子。與非喇嘛者。皆屬之。

若夫政治上。雖隸于各旗長之下。然其精神。實被支配于喇嘛。漸脫强健之風。淪于懦弱。至各旗間。反目爭鬥之事。絕無。僅有。其愛小利。食珍奇。每有竊取行爲。不過好奇心之表現而已。若其社會之單純。生存競爭不甚激烈。利欲之觀念殊弱。以視內地之匪盜乞丐者極稀、惟住于黑龍江省邊界之蒙古人。所稱索倫族者。爲絕未開化之族。殆以竊盜爲生、盜取牛馬。技殊巧妙、且巧射耐苦。生長山林中。即俄人亦頗畏憚。近者黑省長官。有綏服索倫。設學施教之舉。鞏固疆宇。重有攸賴。豈獨靖蒙已哉。

二　政教

蒙古行政。原來有官治自治之區別、在昔清代、與新疆西藏、同屬理藩部管轄、派遣將軍都統大臣爲之監督、畀各旗以自治。中華民國成立後。廢理藩部。代以蒙藏事務局。其勢力之及于蒙古者。比前稍微、自民國二年外蒙古宣言獨立、蒙人南犯。至三年十一月。依中俄協約。外蒙仍認中華有其宗主權。任其自治官治之機關全壞。惟內蒙向來內嚮、官治較備。本章僅就其自治而說明之。

一　內蒙古之行政區劃

統轄內蒙古各部落者。卽扎薩克。部分爲旗。聯各旗而爲盟。（其稱部者。表同姓與同族之名稱非行政區分之意。）各旗之下。別有若干佐領以分治之。其區分如下。

（一）哲里木盟（四部十旗）

科爾沁右翼中旗（圖什業圖王旗）	佐領二十三
同　前旗（扎薩克圖王旗）	同　十六
同　後旗（蘇鄂公旗）	同　十六
同　左翼中旗（達賴罕王旗）	同　四十六
同　前旗（賓圖王旗）	同　三
同　後旗（博王旗）	同　三十二
杜爾伯特旗	同　三十五
扎賚特旗	同　十六
郭爾羅斯前旗	同　二十三

同　後旗　同　三十四

(二)卓索圖盟(二部五旗)

喀喇沁右翼旗　佐領四十四

同　左翼旗　同　四十八

同　中旗　同　五十一

土默特右翼旗　同　九十七

同　左翼旗(又曰錦王旗)　同　八十

(三)　附喀爾喀　同　二

(三)昭烏達盟(八部十一旗)

敖漢旗　佐領五十五

奈曼旗　同　五十

喀爾喀左翼旗　同　一

扎魯特右翼旗　同　十六

同　左翼旗　同　十六

呵爾科爾沁旗　同　五十

翁牛特右翼旗　同　二十五

同　左翼旗　同　三十八

巴林　右翼旗　同　二十六

同　左翼旗　十六

克什克騰旗　同　十

（四）錫林郭勒盟（五部十旗）

烏珠穆沁右翼旗　同　二十一

同　左翼旗　同　九

浩濟特　右翼旗　同　五

同　左翼旗	同	七
阿霸垓　右翼旗	同	十一
同　左翼旗	同	十一
阿巴哈納爾右翼旗	同	七
同　左翼旗	同	九
蘇尼特右翼旗	同	十三
同　左翼旗	同	二十

（五）烏蘭察布盟（四部十旗）

四子部落旗	同	二十
茂明安旗	同	四
喀爾喀右翼旗	同	四
烏喇特中旗	同	六

同　前旗　同　十六

同　後旗　同　六

（六）伊克昭盟（一部七旗）

鄂爾多斯左翼中旗　同　十七

同　同　前旂　同　四十二

同　同　後旂　同　四十

同　右翼中旗　同　八十四

同　同　前旂　同　四十二

同　同　後旂　同　三十六

同　同前末旂　同　十三

錫呼圖庫倫喇嘛旗

甲　內蒙古之行政機關

內蒙古各部之行政。當稱旗以區劃之。自治之基礎。殆已異口同詞。旗各有長。（即札薩克）備有王公之尊嚴。甚至習用宮府等語。過事夸大。究之大者擁有廣袤百里之封土。等於清代宗室世襲爵秩。統率多數之部民。儼然王者。豈知領域雖長。僅爲廣漠之原野。其間牧放畜類。與部民共維持其劣等之生活而已。實無餘裕貯蓄之可言。更無何等有價值之經營。即使有之。然非爲外來者所有。即爲喇嘛廟所占焉。故其統治權之行使。極簡易而粗雜。要不能繩以文明時代之政治機關。況其扎薩克。類多闇昧。墨守舊慣。絕無改良進步之觀。依然繼續其帳幕中牧長之狀態。他無足稱者。封爵襲自清代。或與公主。或錫爵號。固不無等差之別。而實權究無輕重之可分。故扎薩克者不過一旗之酋長。即一旗一家族之集合稍大者而已。實非政治運用之表現也。茲就其等級分述之。

（1）札薩克

扎薩克者。爲蒙古一旂之長。統治其領內之人民。授以王公台吉之號。世襲扎薩克之職。至無後嗣時。則自閑散王公台吉中。特予簡任。王公台吉。胥爲元之後裔也。土默特及喀喇沁全部。又尙主重臣之後也。在昔割據一方。各擁小版圖爲獨立之一酋長。至淸代歸附。且著勞勩。授以親王。同於宗室。親王以下。分爲貝勒貝子。鎭國公。輔國公等。王公子弟。則分別授予一等至四等台吉之號。或又有特用外蒙舊時汗號。位于親王之上者。

王公中之無扎薩克職。無封土。僅有封爵者。加閑散二字以別于扎薩克之職。閑散王公。一旗內有二三人或四五人。如達賴罕旗數達七人是。然此閑散王公。于其旗內亦有若干之土地及少數臣僚。特其貧富不等。略有差耳。

（2）　盟長副盟長

盟之制度。基于戰時。以各部落之同利害關係者。藉資聯合對抗。平時則設盟長。副盟長。各一人。以處理各旗發生之重大事件。盟長副盟長之選任。淸代則由理藩部查其資格當候補者。（除年少及病者外）奏呈盟內各旗扎薩克名簿。選其年高德劭者。請皇帝欽任。故盟長副盟長異于扎薩克旗長也。是爲名譽職。不世襲。亦無何等之俸給。是則盟長副盟長者。雖係政府任命。然仍與旗長扎薩克相同。非比各省官廳。設有上下級。保有其系統。故各旗重要事務。仍會同旗長合議而行之。盟長每屆三年。應通報各旗。解决種種問題。會合行之。名曰會盟。至于今殆若存若亡矣。

（3）旗內職官

（1）協理台吉。輔佐扎薩克。辦理旗務。依旗之大小而定。爲二人或四人。平常則酌事之繁簡。以一人或數人輪流任務。若有大事。則會合協議。

（2）管旗章京。通常置一人。由盟長任之。置有扎薩克之旗。得設二人。輔佐扎薩克。協理台吉。協同旗內庶務之長官。直接掌理司獄。他之一切行政。管旗章京一職。必經梅倫階級中。擇尤拔充。

（3）梅倫有地方梅倫、和碩梅倫二種。一在扎薩克府。奉協理台吉管旗章京令從事庶務者。一屬閑職。或和碩梅倫之老廢。或因功受此職銜者。若從事於地方事務者。通常一旗二人。或三人。是爲和碩梅倫。至于地方梅倫之設置。則無定數。大抵自旗之部屬選用之。鮮有選自扎薩克血族與台吉中者也。

(4)扎蘭。主任兵務。于其劃定之區域。統制兵役。扎蘭實爲之監督。然其任務。亦有時從事府內。然無和碩梅倫地方梅倫之別。此職自台吉或部屬中選出。凡管內重大之事。許其隨時報告于扎薩克。聽候裁決。又每年定期一回。(約在八九月)親至扎薩克府。報告前年度管內之狀況。並承受次年施政之方針焉。

(5)章京。位于扎蘭之下。爲小地方官。有直接支配部民之權。由部屬人民中選充。數不一定。常時三四名。至五六名不等。人各一月往府。而傳達命令。並任他之旗務。

(6)驍騎校。又稱坤都。受扎蘭之命。分擔其管內一部之事。猶如扎蘭之助理。

(7)筆帖式。即書記。奉上官命。專保管公文書他之冊記等物。普通二名至十名。更依旗之大小。額不一定。

以上爲處理旗務者。均執事于旗務衙門。除管旗章京外。每月各分班次輪番勤務。但和碩梅倫之交代則異。占旗務上之重要位置。與協理台吉實際上特見信于扎薩克。具有權勢。有專斷庶務之力焉。

他則不預旗務。專從事于扎薩克邸內之雜務。猶如家役。有哈巴及包衣達各名處理邸內小事。及金錢物品等。又有以是等雜務。歸台吉及扎蘭處理者。

此外直接管理人民者。有伊科達及達喇家二種。伊科達者大屯長之意。管理遠隔於王府地方之村屯。任訴訟事宜。及一般之行政。是達賴加者。略與屯長同。原來十戶之中。一戶設什長。今則其數不定。名稱多改稱屯達。其職掌在奉梅倫與扎蘭之令。傳達于各戶。並課稅物。少同滿州地方之鄉約。然其下屬有家親達一職。任屯內雜務焉。

就上所列職官。得分爲府內勤務。邸內勤務。地方勤務。三種。前二者在扎薩克邸府內任事。後者則在自宅處理。協理台吉以下之人員。除奉公之日外。仍起居於私室。

酌事之繁簡。每日一回。或數回定期。必至扎薩克府。協議處理其旗內事務。或當緊急之時。則召集而處理之。平時不過在扎薩克府。任儀衛而已。茲將旗內官吏表示如左。

- 王公即扎薩克
  - 府內勤務
    - 協理台吉
    - 管旗章京
    - 和碩梅倫
    - 扎蘭
    - 章京驍騎校及筆帖式
  - 地方勤務
    - 地方梅倫
    - 扎蘭
    - 伊科達
    - （以上）達喇加—家新達
  - 邸內雜務
    - 哈巴
    - 包衣達

（4）　土地局

內蒙古之東南各旂境內。移殖開墾。日見發達。設置土地局。雖規模有大小之分。大抵徵收旗內地金與整理畊地爲目的。在此種地金。實爲各旗財源之主幹。殊爲重要機關。組織之法。則據畊地之多少而異。故于一旂內有一所或數所。有完全獨立之性質者。又有以之僅列於府內事務之一者。在職人員。通爲蒙人。無漢滿人。協理台吉管旂章京爲之監督。徵收方法。例有定期。使屯長徵收後而上納於土地局焉。

（5）營務處

營務處者。主防禦馬賊爲目的而設立者。其數雖少。然皆具軍隊之形式。有若干之實力。監督而指揮者。爲協理台吉管旗章京也。

乙　統治移民之行政機關

蒙古之自治機關。其權能不及於漢滿之移民。故關於移住之民治。各於隣接境域。歸本部行政長官管轄也。卽西部歸化城地方。蒙古境內之移民在直隷行政管下。隷于宣化承德朝陽等府。接近奉天蒙古境內之移民。在奉天行政管下。隷于新民昌圖洮南等府。其地在吉林行政管下者爲長春新城等各縣，在黑龍江行政管下者爲農安大賚等各縣。各掌其管下之移民民治。然如是之行政系統有二。蒙古王公使開放其下之若干部。以備移民者。其統治權委諸蒙古王公特派民事官。布施同文之政令。特列述其關係焉。

(1)土地爲蒙古王公所有。移住之民。先納定額之租金。此後卽被徵收地租。其徵收之署。稱土地局。爲蒙古各旗所管。

(2)移民非蒙人。故受中央派遣官之統轄。

(3)在于開放地內。往往有蒙人雜居者。亦歸蒙古王公所管。

(4)本部民政官。與蒙古王公。無論蒙民及移民。又互相管轄。若雙方涉訟。則有互商之規定。但多由本部民政官辦理。

茲分列行政管區于左

直隸行政機關所管

宣化縣

張北縣 管太僕寺牧廠及察哈爾地方之移民
獨石縣 同右（舊獨石口廳）
多倫縣 舊多倫諾爾廳管御料牧地察哈爾克什克騰阿覇垓阿巴哈納爾等
地方之移民
承德縣平泉縣豐寧縣灤平縣隆化縣圍場縣
朝陽縣掌土默特敖漢喀喇沁奈曼錫呼圖庫倫及喀爾喀左翼地方之民治
建昌縣喀喇沁左翼旗地方爲其管區
建平縣敖漢旂及喀喇沁左翼扎之一部爲其管區
阜新縣錫呼圖庫倫及喀爾喀左翼地方爲管區
綏東縣奈曼地方爲管區
赤峯縣翁牛特巴林阿爾科爾沁扎魯特各旗爲管區
開魯縣

林西縣

奉天行政機關所管

昌圖縣科爾沁左翼後旗博王旗爲管區

源遼縣（即鄭家屯）科爾沁左翼中旂（達賴罕旗）爲管區

懷德縣（八家子）同右

奉化縣（買賣街）同右

康平縣博王旗爲其管區

洮南縣（元名薩鷄街茅士）科爾沁右翼前旗及右翼中旗爲管區

靖安縣（白城子）科爾沁右翼後旗爲管區

安廣縣（高家窩堡）同右

鎮東縣（東叉干撓）同右

開通縣（七井子）科爾沁右翼前旂爲管區

醴泉縣（醴家鎮）科爾沁右翼中旂爲管區

彰武縣（橫道子）科爾沁左翼前旂爲管區

法庫縣（法庫門）同右

吉林行政區域所管

長春縣（寬城子）郭爾羅斯前旗爲管區

農安縣龍安同右

長嶺縣（長嶺子）同右

德惠縣　同右

黑龍江省行政區域所管

大賚縣（莫勤罕岡子）扎賚特旗爲管區

肇州縣（二台站）郭爾羅斯淸旗爲管區

昌五縣　同右

安達縣　　杜爾伯特旗爲管區

丙　教育

蒙古逐水草而移住。殊無教育設備之可言。祇于各旗王府之官吏。將欲教育子弟。聘教師以教其識字而已。其教育之目的。在望其成長後。能任王府之事。或掌理旗務。要爲一種之官吏養成法耳。子弟自八九歲之頃。入學。初于五六個月間單教以蒙文字母。次則授以日常觸接之事物名詞。與他之單語。半載而諳字母。並習得多少之名詞後。乃使讀公文書。間教以關于英雄事蹟。與歌謠俚諺等。時或有教以滿洲語者。光緒以來。日見衰退已。

至其所謂教師者。任王府之事務。擔任文字訓讀之事。學者限于王族與官吏之子弟。他外寂焉寡學。東南部業有家住。頗繞華風。學者尚夥。昭烏達盟錫林郭勒盟尚爲天幕生活。室無機椅。教師胡坐而教。通常不過學子二三人。將來昭烏達錫林郭勒兩盟之最宜注意者也。

特是蒙古東部。近來開墾發達。移住者多與漢民接近。漸有解漢語者。其數亦增。鮮有通漢文者。住於遼河以南之旗民、殆與漢滿人略同其程度。今將內蒙古東部蒙人居住地之能解漢語者。分揭如左。

喀喇沁全部　土默特全部　翁牛特半部　敖漢、奈曼共半部　喀爾喀左翼、錫呼圖庫倫喇嘛旂牧各半部。郭爾羅斯三分之一　杜爾伯特。扎賚特三分之一　科爾沁東南部爲四分之一　扎魯特。阿爾科爾沁之全部

丁　宗教

蒙古之宗教。唯有喇嘛教。占絕大之勢力、此爲盡人所知者也。特內蒙之東四盟中。滿漢移民之一部。少有基督教與漢學之混入、西二盟中有回教之流布而已。故喇嘛教者實爲蒙人信仰之中。堅足以起蒙人強烈之信仰。凡冠婚喪祭吉凶禍福。幾無一不與喇嘛有關係。其對于喇嘛之德劭者。宛若天神。舍迷信主持教宗之活佛外。絕不認有其他之權力。潛移默化于神權。彼勇猛善戰之民族。遂化爲溫和萎靡。

可嘆也已。

蒙人既感染乎喇嘛教。自勝衣就傳。以及於成長。絕不知教育爲何事。雖近今開拓地方。日與外人接近。所受刺戟稍深。已知教育之必要。或聘教師于王府。或設立學堂。派遣留學生。修學海外。已漸有去迷信而注重教育之趨向。然轉與日本親近。受其鼓煽。是則對於蒙事之應加注意者也。

要之將來對於蒙人施行經營開發之策、應先將支配若輩之喇嘛教。改良其經典。教旨。喚起其進取活動之精神。同時授以國家觀念之教育。振起頹風。捍衛邊宇。庶幾乎賴之。

（一）喇嘛教之趨原

喇嘛教者。佛教之一派。紀元前七世紀之中葉。創自印度。傳於西藏。由西藏固有之邪神教、歧出而別開一派是也、喇嘛二字。漢書不載。元明史中。或訛書爲喇馬。其所謂喇嘛之意者、西番語上曰喇。謂無曰嘛。喇嘛者。爲無上之義。卽漢語稱僧人曰上人耳。西藏尊稱爲大僧正、通稱爲僧侶、俗人稱爲喇嘛。喇嘛自稱、則曰佛教。或佛陀教焉。

喇嘛教。自開明以來、西藏以外。寂焉寡傳。蒙古侵入西藏後、挾喇嘛以歸、厥後元祖忽必烈統一內外。領有龐大之版圖。將利用宗教之勢力以服被征者之心於時召集高僧研究各教之宗指乃深信喇嘛教之最通俗而有偉大之勢力。是時遂委大喇嘛以西藏之政權。崇之爲全國之師父法王廣布教於大陸。蔓延播傳及于全蒙。卽在此時。後以蒙族失敗。乃誠心皈佛。漸以釀成今日愚懦不振之現象者。蓋非一朝一夕矣。

清代初季達賴喇嘛。聯翩入貢。順康兩朝。優待之以鎮壓西藏。經十九年之久、始就範圍。懷柔之策。仍不外利用宗教。准與於北京建立宏壯之黃寺。至乾隆朝、厚禮達賴喇嘛。召見于京師、不幸中途病歿、遺骸送葬拉薩。遺衣則納于北京黃寺。建紀念塔以藏之。今之安定門外。大理石塔是也。其後大小寺院之建立不少。西藏蒙古一帶。寺院之最大者。西藏首府曰拉薩。庫倫亞之。其他著名者在青海多倫諾爾歸化熱河等處。又山西之五台山。小者則隨處皆是。即部落之稍大者。亦罔不有古刹巍然。雖建築之式不一。規模究爲莊嚴。要非蒙古包所可比擬也。其在北京之最大者。大內之雍和宮。碧瓦紅壁。金碧輝煌。極爲美觀。若夫每年。皇室之新年歲暮及葬儀祭典。無不有喇嘛參預讀經。其在雍和宮之僧。止受親王之待遇。其副僧正以下之僧侶。約有四百人。除少數之西藏人外。皆自蒙古各寺院所派遣。政府例給俸銀。奉天熱河等寺院。並有歸政府直轄者。風行草偃。上好下甚。宜乎全蒙若狂。冥冥、蚩蚩。絕無國家思想。安于憂患之紛乘而罔覺也。

（二）　宗教與分派

喇嘛教之教指。源于佛教。在于脫俗證果。積善修行。懺罪業。祈來生。爲唯一之眞髓。深信靈魂不滅。輪迴因果之理。戒貪淫財氣。實踐忠信禮智。其在初時。極高潔而可貴也。後世無恥喇嘛。忘根本之義。恣淫汚之行。徒尚枝葉。演種種之弊害。馴至荒唐迷信。未有如今之墮落者。以神聖之宗教。爲百惡醞釀之府。甚可惜而可痛也已。若其派別之分。則由一而三。試分述之。

(一)尼瑪巴派。 此爲最舊派、開宗以來。絕未革新。因僧侶常服紅色衣帽。俗稱爲紅教。

(二)薩師吉野派 紀元十一世紀之末葉、卽宋神宗時。由尼瑪巴別爲一派。至于黃教之起。初在西藏、占有勢力、今則式微、亦宗派之一也。

(三)額耳苦巴派。 興於紀元十五世紀之初。爲最新派。初稱加達門派。有名僧宗喀巴者。感於當時紅教之腐敗。破戒律。蔑教旨。蠱惑人心。奮然突起。特樹一派。傳播之勢。足以壓倒二派。今者蒙古一帶。與西藏之一部。大抵奉行此派。戒律至嚴。儀容則仿自印度僧徒衣帽之色。尙黃。普通稱爲黃教。現隸達賴喇嘛管下。東盟略稀、因寺院及服色不同之故也。

(三) 喇嘛

喇嘛者。在蒙古爲僧侶之通稱。階級各有不同。大概別爲佛爺喇嘛扎薩克喇嘛廟喇嘛大喇嘛及黑喇嘛五種、

（1）佛爺喇嘛　普通稱活佛。在西藏者曰達賴及班禪在庫倫者曰呼圖克圖並加以多倫諾爾呼圖克圖之尊稱。輓近各處大寺院巡錫中之大喇嘛。僭稱活佛。以圖蠱惑人心者亦不少。然最高級之活佛。究屬于西藏達賴。今特述其起因。以備參考。

達賴喇嘛者。　住持西藏拉薩之總本山。即教宗之首長、蒙藏一帶。無不瞻仰而崇拜之。幷握有西藏政權之一聖僧。換言之實無異于喇嘛王也。所謂達賴者。西藏語義。爲大德中之大德。蒙古語義。大海之意。至若達賴號之始祖、則爲大喇嘛南無沙羅剎彼因元祖忽必烈之優崇。錫以大元帝國法王與達賴之稱號。得以常握政權。乃乘機而擴張。教勢。鞏固其根盤。自以爲觀音菩薩之化身。使之弘宣教宗。達賴喇嘛、若至圓寂之日。必再轉生某地。而爲之豫言。至轉生之時、其僧徒

咸就其垂示之地。徧索童子。依于神託。乃達賴化身之聖童。僉禮拜之。如達賴在世之日。此聖童者。生而知現在過去未來。非天亶聰明也。乃達賴喇嘛計及死後之繼承者。于其生存之時。巡錫旅行途次。博選各地人格具備。大有作爲之人。默識于心。至于死時豫言而遺囑之。自後弊端叢生。蒙古王公欲使其子弟爲轉生者。以擴張其勢力。增進其財產。多有贈金寶貨物于達賴班禪。以博其歡心。馴至近代轉生。大半爲蒙古王公之子姪。殆與世襲無異。淸代漸悟其弊。遂干涉其繼承法。豫製金瓶二。一備于西藏之大招寺。一備于北京之雍和宮。書轉生者之名字生辰。納之瓶中。其在西藏者。則駐藏大臣會同達賴而制定之。在蒙古者。理藩部尙書與駐京章嘉呼圖克圖會同制定。至選出後繼者。稱之曰活佛。其弊漸絕。然當選童子奉送至喇嘛廟時。道上之迎者如雲。及至廟升壇就座。所在王公。以至貧乞。羣爭膜拜。終其身勿衰云。

(2)扎薩克喇嘛。握有政教兩權。是在內外蒙古。統轄寺內外之土地人民。乃行使行政權。無異于扎薩克。蒙古東之小庫倫、(卽綏東縣)有錫呼圖喇嘛是其一也。至喀爾喀青海等處。其數尤多。

(3)廟喇嘛　奉佛于寺院之中。凡民間冠昏喪祭一般禮式皆與焉。別之爲廟喇嘛(僧侶)黑喇嘛(出家)二者、原來喇嘛界亦爲佛門。階級甚多。與社會情形迥異。是等喇嘛。凡旗民子弟。除家督相續之男兒外、其他皆由七八歲至十二三歲時。均入寺去髮爲僧、每戶一人或數人。王公台吉之子弟亦然。新入寺之喇嘛。一月或二月。得師僧之許可。回家一次之外。日常起居寺中。伺師命而誦讀經文。(均藏語)采新材。事灑掃。牧放家畜。承任一切雜務。初入稱沙彌。漸次晉級其組織宛如軍隊、十人中擇一年長者。統率法務。衣食之費均各自給。王公台吉之子弟。亦無大差。惟待遇稍優耳。

(4)大喇嘛　爲一寺之座主。總轄全般事務、概以王公子弟之曾充喇嘛者任之。但須一次到西藏本山。奉貢受戒、若無相當之人。則自西藏招聘高僧充之。大喇嘛一職。大抵僧侶中之有勢力者承當也。

（5）黑喇嘛　爲俗人之寡夫寡婦于老後剃髮。不過專誠皈佛。不用袈裟。不習經文。惟日常手捻佛珠。口稱佛號而已。

喇嘛之狀況如是。至其年年所養成而收容者。一廟之數。少或十餘。多則數十與數百。有竟達千人者。每日朝夕必一次佛前誦經。其間或應招請誦經之事。其赴俗家誦經時。則因法儀大小而人員不同。小者小僧一人。大者大喇嘛與高級喇嘛數人。或至數十人。王公法儀。則舉廟以從。每年七月盂蘭會舉行一次。若其修行之際。打大鼓。吹法螺。敲木魚。柝木銅鑼。吹小笛各種樂器。備極煩喧焉。

喇嘛戒律甚多。然惟高僧實行。下級小喇嘛。在廟則愼行惟謹。出廟則恣情妄爲。雖不娶妻。究多妾媵。現在庫倫一隅。其依喇嘛以生活之娼妓。竟達數百名。而蒙古婦女又有一種特別迷信。謂與喇嘛私通則當產佳兒。故婦女之與喇嘛奸宿者尤多。恬不爲怪。挽回頹俗。不宜緩已。

喇嘛之內。兼有一種醫師。專治疾病。然非王公貴人、鮮有聘喇嘛醫者。原來蒙人疾病、概以祈禱爲治療。其因之死亡無捄者。在在皆是。此又蒙古民族人口減退之一原因也

喇嘛時常巡錫于各地者、一以建立寺院。募集淨財、或被遠方請其禱病、一因修行。巡禮于各地寺院。又遠參西藏之總本山、參庫倫。或五台山之靈廟、受活佛之指示。負笈擔登徒步數千里。蓋其忍耐艱苦之精神素具也、

四　寺院

寺院。蒙語稱沙猛。大小之構造不一。然其規模。大概宏壯。寺之周圍。類築土堆。高至二三尺、上樹丈餘之小竿。以白布或紅布爲幡。細書經文於其上、經幡高揚。以爲靈域俗界之別。中央建立本寺。左右前後。則建立二三及十餘之副寺。宛同市街、軒聯屋比。爲大小僧之住屋。漢人稱爲喇嘛街。漢商貿易。及蒙人買賣。多集於此、

喇嘛廟在內外蒙爲數極多。在內蒙之達賴罕旗有帽兒廟一。副寺十二。由八百餘

之住屋。集合而成。其他各旗之大廟。概爲二三副寺、亦有百與二三百之住屋、即小廟左右。至少亦有五六戶與十餘戶焉。極至沙漠地帶貧瘠之區。亦有土築家屋與蒙古包之散在于附近。然其廟之隣近。類有鄂博。盛以土堆。砌以沙石。以爲旗界標識。每年舉行鄂博祭典、極爲繁盛。交易之事。亦在此時爲多也。今將內蒙著名寺廟。與喇嘛僧之數。略舉如次。

所在		廟名	喇嘛數
扎薩克特旗	洮南府東北方	葛根廟	一、〇〇〇人
圖什業圖旗	洮南府西南方	井哈廟	一、〇〇〇人
達賴罕旗	王府西南方	帽兒廟	五、〇〇〇人
西烏珠穆沁旗	王府西北方	喇嘛柯列廟	一、〇〇〇人
土默特左翼旗	錦王府北方	國公廟	三、〇〇〇人
綏東縣	小庫倫	小庫倫喇嘛廟	四、〇〇〇人

察哈爾部	多倫諾爾	多倫諾爾喇嘛廟	一、〇〇〇人

戍　兵備

蒙古各旗。初傚滿漢八旗編成軍制。凡男子自十八歲。即有終身當兵之義務、兵器各由自備。男丁有給予耕牧地之規定。實爲全土皆兵。若在行政。除新設機關外。殆全以軍政爲之基本焉。

旗之組織、以佐領爲編制之基礎。人員百五十名爲一佐領。內以五十名爲常備、其編制如左。

佐領	一員
領催	六人
驍騎校	一人
驍騎	五十人

合佐領而旗成。扎薩克爲之長。每旗佐領之人員不等。多則佐領五十。少則佐領一

人。皆依各部人口之多寡而定。今假定一旗，自六佐領而成者例示之。

扎薩克（旗長）	一人
協理台吉	二人或四人
管旗章京	一人
管旗副章京	一人
參領	一人
佐領	一人
驍騎校	六人
領催	三十六人
驍騎	三百人
合計	三百五十四人

以上爲清代蒙古軍隊編制之規定。內外蒙其制同一。唯游牧民之內屬者。其編制

同於滿州八旗。設都統以統帥之。

蒙人自十八歲以上六十歲以下。除老病不堪現役外。悉編入兵籍。戰時則全體從軍。平時則如屯田之制。分屬于各部落。際事變之會。小族則當徵發三百或五百之兵丁。大族則徵發三千至五千之兵丁。然如此壯丁。平素未受訓練。只有演武一法。大舉狩獵。各試用其武器。以射殺野獸。而練其技術。邇來因備馬賊之橫行。知新式練兵之必要。乃于此壯丁中撰拔教練。以護衛王府與旗境。達賴罕旗今有五百人。東西烏珠穆沁旗。今亦有五百人。圖什業圖旗約有二百人。喀喇沁右翼旗約百名內外。且依日人訓練。是不啻引狼而自衛也已。

蒙古兵丁。射擊極工。棲息于原野之野羊。馳走極速。然蒙兵能以火繩鳥鎗。托架而射殺之。故現在兵備。雖不足言。然以其絕技。強壯之體格。服從心之純篤。加以適當之教育訓練。其國家之干城腹心也哉。

若夫軍政事項之終。一言以蔽之。曰會盟及戶口調查是也。所謂會盟者。會合同盟之各旗、生于軍政上之必要。初由中央政府。特派欽差大臣。賚上諭以涖會。各扎薩克行三跪九叩禮。謹奉上諭。會同議事。簡軍實、嚴邊防、訓士伍。比丁口。平訟獄。每三年行之。或事件發生。則隨時行之。會盟之時。演劇競馬等事。備極美觀。會盟之地則擇各旗之便宜而定。然今則名存實亡。久不舉矣。

蒙古既以軍制編成爲原則、故其戶口調查、爲旗務上所視爲最要者。其方法爲至密。在昔各旗丁男十八歲以上六十歲以下。悉行登冊。除衰老疾病。無故隱匿者罪之。今則各王公每五年調查旗內之壯丁。至十年而報于盟長。且其游牧遷徙、雖無定所。然各旗自有限界。不得濫行移轉、故將來施以綿密之調查。不難全知其戶口之數、而行軍制之徵募也、

內蒙各盟兵數。茲據最近調查。列舉如下。

(甲)哲里木盟共計一五六四〇人(一)科爾沁九一六〇人(二)杜爾伯特二一四〇人(三)扎賚特九六〇人(四)郭爾羅斯三四三〇人

(乙)卓索圖盟共計一八六二〇人(一)喀喇沁八五八〇人(二)土默特一〇〇四〇人

(丙)昭烏達盟共計一六八四〇人(一)敖漢三〇〇三人(二)奈曼三〇〇人(三)巴林一五六〇人(四)扎魯特一九二〇人(五)阿爾科爾沁三〇〇〇人(六)翁牛特三四〇〇人(七)克什克騰六〇〇人(八)喀爾喀左翼六〇人

(丁)錫林郭勒盟共計六七八〇人(一)烏珠穆沁一八〇〇人(二)浩濟特七二〇人(三)蘇尼特一九八〇人(四)阿巴哈納爾九六〇人(五)阿霸垓一三二〇人

(戊)烏蘭察布盟共計三一二〇人(一)四子部落一二〇〇人(二)茂明安二四〇人(三)烏喇忒一四四〇人(四)喀爾喀右翼二四〇人

(己)伊克昭盟共計一六四四〇人

以上六盟。總計兵數實達七萬七千四百四十人。倘加以新式訓練，外對日俄兩國雖不十分充備。然未雨綢繆。就地徵調。漸導以國家思想。鞏邊自强實有攸賴已。

已　財政

蒙古之財政。當分爲各旗之財政與開放地行政官署之財政二者。而說明之。各旗之財政。爲各扎薩克所管理因之旗內無特別之組織。亦無公共經營之施設。全然同于扎薩克一家之私經濟。財政實不足論。且蒙古需用供給之融通。多以實物交換。貨幣通用之範圍極狹。故各種之經濟問題。不能搆成。然蒙古王公之收入。雖以封爵之高下。領域之大小。各有不同。其主要者都受政府之俸銀及賞賚。與徵收旂民之家畜稅。及漢滿移民之地租。又少數之鹽稅礦稅木材等稅。有多少之收入焉。

扎薩克之俸祿。王公則年俸二百至二千五百兩。台吉則爲四十至百兩。此外賞賚王公台吉由五十兩至四百三十兩。家畜課稅。因部落之大小。人民之貧富。制定不同。有牛五頭以上。及羊二十頭者。課羊一頭。又有羊四十頭以上者課二頭。其他雖有餘畜。不得課稅。王公之富裕者。稅或輕減。以示體恤。其貧者、有重、徵之、傾向。但其總收入自旗內家畜之現數而定。不能相同、其最多者如達賴罕王旗其年額在五萬餘頭。每頭以五元計算。約有二十五萬圓、其最少者如喀爾喀貝子、不過八九百頭而已。

各旂地租之課、限于移住之民。原來蒙人不課其租。其賦課之率各旗互異。大概一响地課銀三錢餘以爲常。賦課額。則以開墾之廣狹而分。其最多者達賴罕及南郭爾羅斯年收約達二十萬圓以上。博王次之十六萬圓。賓圖扎薩克圖圖什業圖喀喇沁巴林扎魯特翁牛特等有一萬或五六萬圓之收入也。

若其支出之額。爲王公之用費。及家室之生活費。與每年一次朝貢外。對於旗下蒙民之撫恤、及旗內自衛之武器等費。惟喀喇沁王之經營教育事業。乃爲例外。他則人文程度未進。無公共事業興起之可紀。亦無特要支出之可言已。

蒙古地內在開放區域之行政公署。徵收雜租。限于漢滿之移民。蒙人毫不課其租稅。惟熱河地方久已招民開墾。農業發達、得徵收相當之租稅。其法每歲田禾播種之後。地方官率同所屬兵役勘查青苗之多寡而定課則。山田則以豐歉而定。漢滿移民。去留無常。亦無定數。其他未開地點。則對于烟酒家畜等而課、然以無統計。究不能得其確數。殊憾事也。

三　物產生業

內蒙文化未開。住民甚稀。茫茫漠野、祇見數點沙邱。少數牧子。追隨於牛羊羣中。點綴此廣汎沃衍之境域、武陵桃源。未是過也。何有於產業之紀載。雖然牧畜一事、厥為蒙民祖傳世守之業。其發達之狀、由來已久。徒以墨守舊慣。不企改良。疫癘之行。一委天然。毛皮製取、鮮加研究。農事則開拓地方。少見耕穫。他則自闢一畦。稼耘自供。又或種牧兼營、耘植無法、同於野生之草。礦業工業漁業等之經營。更無論矣。若夫貿遷有無化居。彼以習于游牧尚武之慣。則又卑不屑為。所幸我國商人。常能運輸商品。以供其需求。並積多年之經驗。蔚爲智略。即內蒙一帶。有俄人之蓄志侵人。日人之醉心。并兼。終經辛亥改革以後。與南滿接近之地。日貨雖有輸入。究不能奪我華商之勢力。特以工業不振。保商無方。來日方長。正恐失敗也。已茲特專就內蒙之開發而論。則礦業也。製革業也。織呢業也。獸骨業也。牛乳牛肉之罐頭業也。製粉業也。馬政之振興也。幾無一不與國家事業。國民生計。及軍需品之供給。有至密切之關係。奮起以圖者其誰。特就各種產業而加以說明。所願一般人士。愼毋漠視之可也。

甲　牧畜

內蒙牧畜。有牛、馬、羊、駱駝、四種。羊最多。牛馬次之。駱駝又次之。騾驢原非蒙產。概爲移住者之所飼養。雞豚則爲農業之副產物。然祇限于開墾地方。內蒙畜產最富之區。厥爲錫林郭勒盟。蓋此地接於外蒙。且偏向北方。土民端賴牧畜以資生活。不解稼穡。就中烏珠穆沁部。水草衍盛。地形最適畜牧。當爲巨擘。浩濟特部。阿覇垓部次之。此錫林郭勒盟沿岸地方。牧畜最富之情形也。西至蘇尼特部。則北接瀚海、緊鄰大磧。黃沙浩蕩綿亘數百里。草稀水鹹、是爲磽确不毛之野。比于前者之牧畜事業少遜焉。

哲里木盟之東半部。如奉化八面城懷德昌圖等屬。雖已化爲農耕地。然自鄭家屯洮南齊齊哈爾以西。今尙專事牧畜、耕地甚少。然哲里木盟中牛馬產出之最多地。則在達賴罕旗、幅員甚廣、且當西遼河之流域、土沃草秀。旗下蒙民有花喇嘛者。住于鄭家屯之西北、有馬萬餘。羊數千。駱駝二百餘。嘗奉達賴罕親王之命。挑選同色之馬五百以獻、能措辦于咄嗟之間、其屬於哲里木盟下之扎賚王旗、雖屬富有。然經俄營、東清鐵路。至日俄戰役之終。畜產已多賣却。其大半又被日俄之强迫徵發。衰微之狀。已非舊觀。惟旗內之當卓爾河流域者。土地肥沃。交通便利。適於農耕。近時日事開墾。蒙民則轉徙于西北之山間。以事游牧。是爲農牧遞嬗之期、其扎薩克圖旗、屬于洮南管下地。半開發。家畜半皆賣却。至今不多。圖什業圖旗。從未開拓。豐草到處，適於牧放。然以在昔王公橫徵暴斂，以塡慾壑。旗民疲敝，至今不振。博王旗地近滿州。頗感于耕地之利，舍牧事稼者不少。賓圖王旗，地當沙帶，土瘠民貧。南方漸拓，畜業殊微。郭爾羅斯二旗，土地半已開墾。加之毘連哈爾賓，牛馬常得善價而沽。雖隨時增殖，然仍隨時賣却，數亦罕焉。杜爾伯特旗，土磽民稀，家畜以羊為最。前清光緒二十六年，有晉商住于多耐站者，畜羊三十餘萬頭。中經拳禍，所有之羊，悉被蒙人盜取。近日又已著手開墾，且復蒙日俄戰爭之蹂躪，未免今非昔比。蘇鄂公旗，在哲里木盟下為小。東南沿洮兒河流域，地味甚沃，開拓甚優。今之牧地，惟于洮兒河上流見之。

昭烏達盟之各部中，沿西喇木倫河南之各旗牧場，今已化為耕地。勢將達于河之北岸。南岸各旗，牛多馬少，驢之產出頗多。其牧畜較盛者，為奈曼旗。蓋因濱于西喇木倫河流域，地屬沙磧，不適農耕之故。至若翁牛特、敖漢兩旗，農業日盛，牧事漸變矣。西喇木倫河北之各旗牧場，遠連無際。扎魯特、阿爾科爾沁兩旗，草茂水饒，氣候稍和。與哲盟之達賴罕旗。及興安嶺東南之畜業。並稱繁盛。此外卓索圖盟及土默特二旗。殆已全爲耕地。牧畜僅散見於荒地中耳。茲就數年前旅行內蒙東盟之調査概況表列之。

地方	牛	馬	羊	駱駝
哲里木盟各旗	五八五、〇〇〇	四五〇、〇〇〇	四六五、〇〇	一、〇〇〇
卓索圖盟	五三〇、〇〇	三三〇、〇〇	二五〇、〇〇	不明
昭烏達	二七五、〇〇〇	一四八、五〇〇	四五九、〇〇〇	六四〇
錫林郭勒	二四五、〇〇〇	三四五、〇〇〇	五四〇、〇〇〇	六五〇
內屬察哈爾	八〇〇、〇〇	八〇〇、〇〇	二三〇、〇〇〇	五二、〇
合計	一二三九〇〇〇頭	一〇五七五〇〇頭	一七二九〇〇〇頭	二•八一〇頭

家畜之飼養法　西喇木倫河沿岸及連接于鄭家屯洮南齊齊哈爾地方。厥爲半農半牧。其間住民已脫游牧之習。住宅有一定之所。在其飼養家畜之法。即在住屋院內。或編柳條爲柵。或築土壁。曰馬圈子。以爲入夜收容家畜之備。然其剔羊馬駱

駝之毛。搾取牛乳。即于圈內行之。黎明則縱放于附近有河川湖沼之處。若至水泉缺乏、則日中飲以井水。日夕則驅之反家。馬則聽其在野。不必日日入于圈內。他畜則必日居宇下。不厭其煩者。深恐馬賊與猛狼之襲取耳。牛則于夏期。朝夕取乳兩次焉。

飼養法。則自春初草榮。以至秋季草零之期。均放諸山野任其飽啖。不與以食料。即至冬令。亦于野外牧放。惟嚴寒積雪之際。與以少許之乾草。皆由夏期刈儲于屋側。以爲供給者也。

若夫純牧地方。則平沙無垠之原野。即天然之牧場也。無木柵溝渠之設備。四季之中。一任其採食野草。春季雪融。則居低窪之鄉。以就天然水草。草盡而去。年復一年。都于一定之境內。漸次移轉。其傾全力以採索者。惟水與草、若至冬季。霏雪凝冰。低地早已不能得水。即草根亦被雪淹無遺。故必擇居山陽。冰足以資人之飲啖。草根之沒于雪者稍淺。家畜又賴以掘食。牛馬羊所以至冬季而肉骨瘦露。免死爲幸。且有迫饑寒而倒斃相藉，以視夏期之豐肥不啻天淵。故牛馬買賣端至秋季。古云秋高馬肥，良有以也。

犢及羊仔或當母乳不足，則用虛中之牛角包以母羊乳皮，製造恍若乳房之形，以爲飼器。然非經產後之牛羊乳，夏冬兩季均置諸室內，以減殺寒暑之度，加以相當之保護。夏季缺水，則飲以井泉。家畜則相率于一定之時間，羣集於附近，以俟牧養者之飲以水焉。

馬以一村或一族爲一團而牧放之。馬羣之行動，絕不相離隔。故監視自始至終止于一定之地點，而不必移動。但各旗之馬臀部或前足之左右側，必一方施以烙印，爲其識別之誌。印爲二寸方形，有卍 卍卍卍 △△△ ○○○各式之不同。又有以剪耳與烙印併用者。

畜獸之蕃殖，純出于同種之配合。其種畜牝牡，非不撰擇體格偉大、蕃殖力旺者。然對於稟性、外貌、遺傳病等，則未及顧慮而詳譖之。且家畜終年牧放于原野間，無木栅之設備。牝牡任意交尾。不須介助。若求確實蕃殖之統計殊難。茲就各旅行者親見之實況大略如次。

	交尾節期	配合頭數	生產率	供用年數 牡	供用年數 牝
馬	四月至八月	牡一頭配牝十餘	牝百頭加三十與五十頭	由四年至十年	由四年至十二年
牛	四月至六月	牡一頭配牝十五頭	牝百頭加四十與七十	由三年至八年	由三年至十年
羊	十月至十一月	牡壹頭配牝二十頭	牝百頭加四十與七十	由二年至六年	由二年至六年

今舉昭烏達盟之阿爾科爾沁旗牛之生存。與其蕃殖力而觀之。大要如左。

飼養牛數以百頭爲例

老牸而蕃殖力已消耗者……………五

一二歲之犢無蕃殖力者……………一五

三歲之犢生殖機能尙未發達者……………一〇

牝牛之已及三歲而有蕃殖力者……………五

牝牛之至四年以上者……………………四五

牡牛之至四年以上者……………………二〇

總計……………………一〇〇

據上以觀則一年之蕃殖率在四十頭與七十頭之間。將來畜業發達。牛皮。羊毛。之原料。畜肉。之供給。殊占軍需上之大要。固不僅裕民也已。

去勢之法。羊於生後五個月行之。牛馬則二歲至三歲行之。法極簡單。與豚之去勢法無異。使尖刀切斷其腎囊。而取其睪丸後。亦不別加洗滌。任其自癒。一週未癒者。不出三週則全癒矣。結果都皆良好。從未有因而死者。

家畜之種類 內蒙一般通常之飼養物。厥爲馬匹。而其數不無多寡之別。大抵自東南徂於西北。其數較鉅。烏珠穆沁部。實爲之冠。其品格亦極優美。茲就馬之普通軀幹而論之。其狀矮小。毛甚粗硬。外觀若不甚揚然。頭大適宜。頸短而厚。胸前廣闊。鬐甲低平而略短。肩闊而稍峻起。肋骨灣曲。胸腔寬大。背長而圓。腰粗而短。尻長闊、而少斜下。四肢雖短。而關節實巨。蹄作寬平形。體質强健而堅固。各部之發育勻稱。耐粗食。足以抗外來之感觸。少罹疾病。性質溫順。稍近怯懦耳。

蒙族馭術之精。又有可述者。則其監視家畜時。凡生駒未受羈勒。逸放不可致。通持丈餘之竿。上繫繩圈。突入馬群而縻致之。馬或奔馳不及。必更易乘其捕獲之馬。疾馳以追。不達不止。其動作之迅捷。極堪驚嘆。

牛　各旗之飼養數。無甚大差。外蒙及產于烏珠穆沁部者。體格稍巨。達賴罕、阿爾科爾沁、扎魯特等產者次之。然比于山東之牛。體格略大。大抵重四五百斤。毛帶褐色。雜褐色及黑褐色。間有純白純黑者。

羊　實爲蒙人之主食品。皮則爲衣。毛則爲氈幕。都爲蒙人生活上之必需。故其飼養數占畜獸中之第一位。有綿羊山羊之別。前者。毛甚豐澤。用途最廣。牧畜之數。當稱巨擘。性質亦極頑健。毛以白色爲最。每頭一年剪毛之量。平均一斤或二斤。山羊爲數極稀。色雜白黑。故不甚貴重。

駱駝　產于與安嶺之西北部。其在東南部者。其數頗罕。不過各王府之長途遠行。見有數頭而已。若其體格强大。性質耐忍。極適于運輸之用。故在長城一帶。常以多數之駱駝。專事輸送。或道阻險惡。馱載尤便。沙漠地帶。更稱相宜。然其發育較遲。三歲以下。不堪負載。應至八歲方能勝任。當其馱載之初。由輕而重。須漸次以練進。其負擔力。載運之法。先使跪下。載物終後而使之起。每一年間又須有一定之若干時。休其勞役而牧放之。特其使役之期。能給五十年之久。洵爲最利者也。

夏期蒙古地方使用駱駝。常晝息而夜行。蓋以駱駝畏暑。晝行恐害其健康。夜間牧放。不便監視。性溫和。一度飽食。能經至三五日。不與一啖。亦堪任重遠行。毫不疲倦。

使用駱駝之法有三。一馱載、二駝轎、三駝車。馱載爲駱駝之特長。負担力比於普通之馬勝二三倍。蒙地長途之運搬。通常以三百五十斤至四百斤爲度。駝轎、專供王、公子女之乘用。駝車止用于小距離之地點而已。故駱駝專用以載重致遠。多或二十餘頭爲一隊。或以數十頭爲一隊。駱夫之數。十五頭內外約一名。一人能指揮數十頭。運搬貨物時。大概結隊而行。是名駝隊。

犬　有獵犬咬狗二者之別。獵犬者輕健矯敏。一旦出獵。聽主人命。搜索獸迹。一進一退。絕無虛隙。咬狗例爲守護帳屋之犬。軀厖碩而氣獰猛。對於未識之人。爲猛烈之吠噬。則羣犬皆集。向馬上騎者。前後左右。飛躍突貫。狀至可怖。必待蒙人出氈幕以制止。然後無虞。惟各戶均養有數頭。若被人毆擊。甚有自出而與人抗爭者。愛若掌珠。且終日飽食于暖室之內焉。

驢　限于開拓地方。及其附近畜養之。產地爲卓索圖及昭烏達兩盟之南。哲里木盟之東南。亦間有焉。

豚　蒙地無之。惟接近邊牆長城地方。卽卓索圖昭烏達哲里木三盟之一部飼養之。蓋以豚不能依草而生。故遠於開拓地方。則不能豢養也。

雞　開拓地方。及其附近喂養之。是爲農耕之副業。一戶不過五六羽。或十餘羽。無專門養之者。蒙古包地。殆爲絕無。因不適於家屋之構造。與氣候寒冷之故。若至鵝鴨。更無論矣。

內蒙所產獸毛。以羊毛為大宗，其他為駱駝毛。為量極少。羊毛之種類有四。即抓毛、套毛、山羊毛、秋毛是也。所謂抓毛者。羊至冬季。防寒之毛。其細若棉。又春季四五月。俗稱變毛之時。又稱抓毛鈎子。法用鋼鐵製之耙子。抓落羊毛。質美價良。每百斤二十五兩內外。多為帽子原料。二套毛、羊至冬季。全體所生濃密之細毛。至四五月而自然脫落者。謂之套毛。恰如羊之脫却外套也。毛質次于抓毛。其纖維强而且長。最適於製造絨類。其集散時期。則在九十月之交。價值每百斤十三兩內外。三山羊毛、是為冬季直接防護其皮膚者。細美如棉。纖維强且當於卷縮力。毛之特色。厥為製帽所不可少者。然產額極少。四秋毛、以秋季剪刈而名。毛質半為最下者。長城附近所產之秋毛。其品質略勝于春毛。惜其長而過短。不便紡細絲之用。輸出不便。僅以作毡耳。

駱駝毛主產于外蒙及察哈爾地。例年輸入家張口約三十萬斤。亦蒙古輸出之一也、又駱駝咽下有毛長及尺餘。頗富彈力。故有常用之以作毛繩。或毛袋者。其背部肩胛部臂部細毛簇生纖維極强。亦富彈力。其收毛量在發育已全之駱駝、普通一年得收取五十斤內外。其價値髮毛百斤十二三兩、絨毛二十五兩內外。

獸皮首稱羊皮。牛皮次之。羊皮之充防寒用者有二。一山羊皮。一綿羊皮、山羊皮比于綿羊皮。毛質粗硬。遜於綿羊，綿羊毛質柔軟而輕細。有保持體溫之力。價亦頗高。牛皮有二。一產於蒙古內部者。一產於長城邊牆附近者。前者多染汚泥。不潔而肉厚。重約十五斤內外。品質良好。後者牛皮淸潔。肉薄而有光澤。是爲特徵。

乙　農業

浩浩蒙疆、沃衍千里。國人多不親歷其境。輒以磽确不毛視之者久矣。豈知內蒙一隅。瀚海一帶。陰山山脈地帶。不適農耕。比於全土面積。僅一小部分耳。他之原野豐沃。實外府之倉庫也。較之呼蘭哈爾賓。實無遜色。在蒙人固有專務游牧。不解耕稼之風。然而近代人口人智之共進。且被開墾之感化。耕作之業。今已有代牧之趨勢焉。

由來蒙古耕作。專屬漢族。自內地接近地方。漸次而北。開墾之順序。亦依此經路而進。最先者爲卓索圖盟。今之昭烏達盟一部。編入直隸行政管下者。漢蒙雜居。土地開發。與內地無異。次爲哲里木盟。賓圖、博王、達賴罕之東半部。及郭爾羅斯前旗。墾況幾同於南滿。現今有名之農產場。昌圖、懷德、奉化、八面城、農安、福龍泉等。悉爲前之游牧地也。鄭家屯洮南將來之發展。尤未可量。茲特述其農產物之品類焉。

炒米　麥之一種。爲邊境蒙人之常食品。混牛羊乳而食之。無論如何瘠地。得以耕種。到處皆產。漢人無食之者。縱有耕作。要以應蒙人之需求耳。

粟　卓索圖盟附近之漢人主食之。邇來蒙人亦慣食之。耕作者甚多。

高粱　移住民食之。故種之者最多。有如昌圖縣治。高粱地幾占四成。品質不及滿州。用以釀燒酒。或飼家畜。其桿供薪火。或製箒子。

麥　有大小之分。到處雖有耕種。然地域不寬。產額最少。至多倫諾爾。察哈爾地方。

則產額頗大。品質亦美。此地民人主食之。

蕎麥　到處皆產。開拓之初、磽确之地。多有播種蕎麥者、種有甘苦二類。苦者。以充馬糧。

豆　東部種之者多。南方則少。故于鄭家屯附近有豆油製榨場。然至喀喇沁、附近。殆爲罕見。

大麻　南方種之者多。東部爲少。其種類有二。一用以製油。一用以績綯者。是烏丹城多倫諾爾附近。爲有名麻產地。每年輸入張家口。以爲捆包之用、

瓜子　爲西瓜之實。乃內地嗜好之一。販路頗廣。最適于沙地之種植。科爾沁、昭烏達各旗爲多。

蔬菜　白菜、凡有農民住處。其屋之周圍。多有栽種。爲唯一之食物。經年貯藏。其貯藏之法。作一溝、深六尺寬約二尺、白菜則排列於其底。上置板而覆以土。如此數層。時爲取出。去其黃葉。以防其腐敗。次於白菜者。爲葱、其他蘿蔔。茄子。馬鈴薯等。亦屬

不少。但未開墾地方。則絕無有耳。

果實　僅喀喇沁土默特兩部產少數之梨與葡萄耳

丙　鑛業

蒙古鑛產之富。雖未經專門家之踏勘。潛秘之寶藏。今尚不能確指。然卓索圖盟之一部。庫倫及恰克圖。外人已從事搜求。不亟圖之。禍將深矣。若夫卓索圖地方之已開掘者。有金、炭二種。銀、銅、亦有發見。至于鹹之產于內蒙沙漠沼湖諸地。鹽之產于烏珠穆沁者。尤爲豐富。炭礦則隨處皆有。啓發而開闢之。固宇實邊。實不容緩。今就各礦物之已見者。略述其梗概焉。

金廠溝金礦　在建平縣東百二十餘里。灤平縣之北。約八十里。地質有太古之片嘛石。古代之凝灰岩玢岩等。露出于地面。礦牀則由田岩胚胎之。其田岩爲片嘛岩之一種。而由角閃石石英構成。不完全片狀。礦牀有石英脈二層。其一層自北向西行。成六十度之角。向北西傾斜六十度。他之一層。由北向西行。成八十度之角。向北傾斜。前者延長一千六百尺寬數寸至二三尺、後者延長約三千四五百尺寬二尺內外。餘爲河身所產砂金。則未採取鑛質成分含有方鉛亞鉛鑛之屬、其部分佳者。有細孔若蜂窠形之黃褐色鑛石每噸約八十元內外。據所調查分析。則上鑛百分中金〇、〇〇一七。銀〇、〇〇一四。並鑛百分中金〇、〇〇〇五。銀〇、〇〇〇二。捨石百分中金〇、〇〇〇一。銀無云。至于採掘之法。純爲舊式。採掘之量。及坑夫之採掘額。自千斤至萬斤。坑夫號稱七十餘名。實不過十名上下。坑夫工貲每日爲一百五十文與三百文之間。然從事開採之人、爲地方土著。非正式興辦。殊爲可惜。

紅花溝金鑛　赤峯縣下之金產地。以此爲最。其位置在北緯四十二度三十五分。東經百十八度五分。赤峯之西七十餘里、在舍力嘎河、羅河西牛之中間。而注入舍力嘎河之一小溪谷內之地、紅花溝者。卽紅花溝朱家溝楞棒溝等小村落之總稱也。地質則由片麻岩石英班岩黃土構成。溪谷之上部、現有含肉紅色正長石之花崗岩片麻岩。金礦牀。卽胚胎其中。鑛牀有四。鑛質成分平均每礦石百斤約有金分五錢。然亦有在一兩內外者。以現今採掘礦石分析之。約百分中金〇、〇〇五。銀〇、〇〇三。餘爲雜物。承德州判范家鸞得熱河都統之許可。有該礦山之採掘權。范氏欲博巨利。又恐折閱。遂放棄之。專賴外人資力。收得餘利而已。

東轉山子金礦　在喀喇沁左翼王府東方。敖漢部間界上。開于前淸光緒二十年。初爲許某經營。至二十四年。張彥英接辦。以至于今。每年納金于熱河都統。無定額。三十四年。納金百餘兩。鑛脈屬于古生層之石灰岩與火山岩之間。由石灰岩石英等構成之。採掘之礦石。含有方鉛鑛黃銅鑛之屬。坑區有三。每月平均所採金量在七十兩內外。最多時達百兩內外云。

承平銀礦　在喀喇沁右翼旗內。承德府之東北。約二十五里。坑區有三。一曰東山坑。一曰西山坑。三曰楊樹林龐家溝坑。是東西兩坑之礦脈。由蒼白或灰白之分解土盤搆而成。有不規則變化之黃色酸化鉛及閃亞鉛兩細脈在其間。楊樹林龐家溝在熱河街分歧之一溪道中。其附近一帶。古生層之輝岩滑岩片岩石灰岩等搆成之。東山銀坑。開自咸豐六年。初爲商營。光緒十九年。張彥英繼之。稍爲擴張。遂開設今之承平銀總局。西山(一名烟筒山)及龐家溝兩銀坑。亦爲承平銀總局所兼營。光緒二四年至二八年間。曾雇美人胡華氏、敏士氏爲技師。至二十八年解其傭。產額無一定。光緒三十年所產。東山爲一四、二五〇兩。西山六六、三〇〇兩。龐家溝三四、八〇〇〇兩。

四道溝銅礦　在喀喇沁左翼旗內。光緒七年。直隸總督李鴻章辦理。聘用外國技師七八名。監督操業。使役鑛夫二千人。採掘極一時之盛。後以坑內發水。收支不償。至十六年廢業中止。今無開掘者已。

五家炭礦　在喀喇沁右旗內黑水驛之西南十里。從事開掘。已及百五十年。現歸平泉縣知事管理。所經營之同興窰公司是也。每年產額約三百七十萬斤。炭質混有渴炭。有烟而火力甚弱。

石頭墳炭礦　在喀喇沁右翼旗內五家炭山之東。東北三里餘。老哈河之西岸。係十年來所開。近在熱河都統管轄之下。係由公司組織經營者。每年產額約四五百萬斤。內外炭質與前同。

新邱炭礦　在土默特左翼旗內。新民府之西約三十里。十年以來英國技師。經理採掘。數年前京奉鐵路。至經新民府南方之厲家窩棚。有敷設四十五里輸炭鐵路之計畫。雖尚未能實施。然今已起一部之工事。且使用輕便鐵路。炭質良好。在撫順炭伯仲之間。

外有三義店炭礦。（朝陽府之東北約十二里）元寶山炭礦。（赤峰之東十里餘）里城子炭礦（朝陽府之東北約二十五里）等。多依土法採掘。其量不多。他之秘未發現者。亦復不尠。

鹽　內蒙天產物之最富者。當爲首屈一指。介在湖沼之間。供給各部落外。並輸出于黑龍江省及直隸山西陝西之北部地方。茲舉其最著者如下。

達讃斯諾爾。（蒙語鹽湖之意）在于西烏珠穆沁王府之西北四十餘里。東浩濟特王府之北方十三里。周圍爲十里餘。自中央至西半隅。有水滮清。至東半則顯露皚體之白鹽。倘値夏季。立于南方里許。縱目遠眺。水蒸氣與鹽澤之發散。輝映日光之中。儼若對岸觀火。近而觀之。則細沙之表現於外者。其間有大小幾多之小孔。周邊爲五六寸或幾尺之積層。其上部直觸日光。如鹽之露於表面。爲二三分三四分之結晶。極爲美觀。採鹽之法。用圓匙掬取小孔邊之鹽層而粗造之。若日日、採取。隨而凝出。實爲無盡之藏。日不下三百餘石。爲量至多。純爲蒙人經營。載以車輛輸送各地。供給區域。北自外蒙古之車臣汗部及黑龍江省呼倫貝爾附近。至于海拉爾索倫界。東自洮南府附近。及於達賴罕扎魯特阿爾科爾沁各旗。南達敖漢翁牛特察哈爾等地。漢滿人皆受其供給。最異者。則此湖不至結冰。四季可以採取。惟冬季日光弱。春季降雨多。結晶不能充分。夏季爲最富之產出云。

蘇尼特鹽池　在蘇尼特左翼旗王府之西南十八里。周圍約三里。自此湖而西八里。有周圍六里之鹽湖。更轉而西九里。又有鹽湖二。湖邊蒼白無際。食鹽產額。不亞于達讀斯諾爾。雖其運輸不便。然輸入直隸山西者亦不少。

他若海拉爾呼倫貝爾亦皆產鹽、又阿拉善之吉蘭鹽池產最美。輸入甘肅。鄂爾多斯間。山西之托克托廳歸化城之間亦皆產鹽。就中烏珠穆沁所產者。帶青色。蘇尼特產者。帶白色。若能經營而統一之。其爲利至可稱矣。

鹻各地均產。最多者爲哲里木昭烏達卓索圖地方。哲里木又以杜爾伯特旗爲主位、達賴罕博王賓圖各旗亞之。于昭烏達則爲扎魯特阿爾科爾沁奈曼喀爾喀左翼地方。于卓索圖則爲土默特各旗。其他察哈爾八旗烏喇忒地方亦產之。

鹻之產地。大抵四圍繞以小丘。常存在於低窪水溜之地。有產於山麓者。草木枯死。附近之水皆灰濁色。鹻皆自地下溜出至二三寸。掃集而入之過爐熔煮而成結晶。採取之盛在春秋二季焉。

鹻業用專賣法。必經政府給有牙帖。方准專賣。如鹽之有引、茶之有引。在定數外欲設新店。必承買牙帖。若缺額之際、亦必由政府改給牙帖。此前清舊例也。現因外國之入造鹻輸入日增。據最近二年海關報。竟達二千五百萬斤。於是蒙古天然鹻竟歸于蕭索矣。

丁　工業

蒙古工業多爲滿漢移住民所經營。大概見於開拓地方。其存在於游牧地方。爲蒙人所經營者。僅蒙古包之製作。毛氈之製造。車輛之修理。製燒寺院所需之磚瓦而已。開拓之地工業雖爲發達。然亦甚微。其釀酒製氈、製革搾油等。尤不免於幼稚已。

燒酒釀造　俗稱燒酒。又以高粱、製者。曰膏粱酒。爲蒙人常用之品。至開拓地釀造者。以哲里木之長春昌圖洮南府管下爲最。卓索圖昭烏達二盟之承德朝陽二府。赤峰縣管下次之。其釀造所稱燒鍋。業釀造者。槪爲大資本家。有廣大之規模。具左右此等地方經濟界之勢力。內蒙一年之釀造額。約達五千萬斤。價格當五百萬圓。此種燒酒。供蒙地之需要外。兼輸入直隸山西山東河南各地。燒酒行商混之以多量之水。僅以存留其香味爲度。漢商在蒙古爲最利之業。亦宜也。

毛氈　又曰毡子。普通羊毛製之。然往往以駝毛驢毛牛毛之屬混合爲之。或有僅以此等雜毛組成之。蒙人用之於冬日。以防風之襲入。及張幕之被覆者。是曰氈簾。餘之用途。則馬具是也。蒙人無論貧富。概有之。多用白色羊毛。於內蒙各市場。大抵有二三或十餘之製毡舖。至製氈之法。則先取羊毛之剪下者。篩去沙土。入水洗滌。以棒捶之。更以彈棉之弓捶之。然後平舖於竹簀或葦簀之上。再加簀卷而緊壓之。以薄粘固之。再取出布於平板上。以足踏之。或以木槌打之。使其堅固。於是始成毡形。俟其乾燥而製爲毛氈。惜無機械製造。形式粗劣耳。從而擴張之。豈惟利民。亦且裕軍。用不可忽者。

皮革　以羊牛馬騾驢皮爲主。其餘野獸毛皮亦有之。此項獸皮。多由內蒙土人持來。運集於小庫倫、赤峯、多倫諾爾諸市。製爲熟皮。其製鞣困難者。仍以生皮輸出于他處各市之製鞣者。謂之皮舖。皮舖不但業製鞣。即生皮購賣亦兼營之。固半工半商者也。獸皮上市。年中不絕。以十月至翌年一月爲最多。其春夏秋中屠宰牛羊等之皮。俟冬季乾燥。且河已結冰。交通甚便。故在年終始行交易。至其皮革之製法。凡羊馬驢犢牛等之薄皮。浸汚水中。約一二日取出。除其裏面之肉質。再浸以清水。約一二日取出。更以木框緊張之。斜立于門外。以禿鈍之鐵具抓搔之。落其表面之粗毛。故其皮甚薄。凡爲靴及其他須有耐久力之用。均不合宜。且用此法時。皮之隆起處。恒多損傷。故每加染各色。以爲馬韉。其餘諸種之紐類而已。牛皮製法與前同。惟自清水內取出。更浸入石灰水數次。復以清水浸之。使其毛全脫。最後浸以硝石之溶液。放置數日。再取出洗以清水。製造成革。此法不傷及隆起皮。故能成強韌之革。凡製靴及須有耐久力者。皆可用之。凡製革務避夏冬兩季。夏季炎熱。皮易腐敗。冬季嚴寒。水易結凍。故二季皆休業。其輸出皮之年額如左。

羊皮	百萬至二百萬枚
牛皮	七萬至十萬枚
馬皮	五萬至七萬枚
駱駝皮	三百至五百枚

騾驢皮 二百至四百枚

右數之一部、由陸路輸出俄國。其他經由內地。及輸出日本者。

搾油業 在于哲里木盟之開拓地。昭烏達、卓索圖等地甚稀、搾油原料、爲大豆與胡麻或太麻之實、前者稱豆油、其搾滓曰豆粕、營業者多、後者曰芝麻油、又稱大麻油、自其原料及需要之關係而論、則業豆油者兼營之、其他以紫蘇之實、棉之種子而搾油者、其量甚輕、縱有使用猪油及野獸油者、亦不甚多、

鹻 俗稱面鹻、或單稱曰鹻、產于內蒙各地、製法極粗、先將天然鹻溶解於淸水之小渠、使其徐流于斜面之板上、除去混雜之塵土後、移于釜中、溶液煮沸、蒸發水分、而冷却之。其釜底所餘之淡黃赤色固形分。即爲粗製鹻。更以水溶解之。使純精分沈澱。移之于釜。反覆如上製作法。稍稍得精鹻。一再如此。成半透明之結晶。可用以洗髮滌面。其粗者用以濯衣。通行滿洲各地。及直隸山西地方。其價則因產地與需要地。雖不一致。大抵百斤二元至三元間焉。

製粉業　在于各地之市場、農家自製用之、而以其餘販賣、原料爲小麥、燕麥、綠豆等、小麥粉稱白麵、燕麥粉、稱莜麥麵、蕎麥粉、稱蕎麵、又稱蕎麥粉、綠豆粉、單如其名、就中小麥粉爲最。

煉瓦　製造所曰磚窰、蒙人建築寺院、需要煉瓦時、必不遠數百里、招傭漢人于其附近地、燒製之、通爲黑灰色、耐久力頗强、

土磁　以黑粘土作水瓶缽等之型、曝以日光、乾燥之後、入竈燒之、灶之構造燃料、略同于磚窰業、此不多製品亦甚粗劣、

坯子　用練土、混以細切之草、使之粘着、恰如煉瓦、惟大於煉瓦四倍。用于家屋之四周。或作土坑、中產以下之平屋。大抵皆用坯子。對于煉瓦家屋、則稱坯子家屋云、

石材　蒙古地方一般缺乏、唯于陰山大興安嶺山脈地方出石材而已、就中卓索圖盟有多量之採出。次之爲大興安嶺東南側之各旗。又哲里木盟各旗。開拓地方。缺乏最甚。唯洮南府之西北方。有少數之採出。

木材　內蒙甚爲不少天然之繁茂、則爲黑龍江省界之大興安嶺。及圍場地方、奈曼部、雖富楊柳、祇供薪火外、無他之用途、開拓地方、家屋之周圍、甸園之境界、墓地等處、雖多植木、究無堅材、然有木局、有木匠、其製品爲建築材料車輛戶棚諸種之箱類、

鐵器　各市場均有、稱鐵匠鋪、製造庖刀鎌小刀及刃物類車輛之金具等、若在遠隔市場之地、則由是等之鐵匠鋪出發、而作業以借給焉、

銀工　著名之市場、皆有爲耳環戒指手鐲簪等之細工物、多倫諾爾、及庫倫市街、佛像之鑄造、而亦不少、然多銅製者、

戊　狩獵及漁業

蒙人向善騎射。確具尙武之精神。狩獵者。尤爲彼等練武之唯一方法。追捕之巧。實足以令人驚嘆。蓋其從事獸獵。習成已若天性。由來久矣。狩獵規模。亦因之認爲成例。而有大小之分。即欽臨狩獵。盟內狩獵。全旗狩獵。部落狩獵。個人狩獵五種。

欽臨狩獵　清代皇帝。御駕親臨。召集內蒙全部王公兵丁。參以外蒙之一部。于一定區域。各奮力于原野間。與野獸搏勝負。恍惚實地戰爭。獲物多寡。一聽皇帝親裁。頒予賞賚。整軍經武。卽寓于此。咸豐以前。固常舉行。同光以降。此風遂渺。

盟內狩獵。同一盟之全部或數旗聯合行之者。久已不舉。今僅有二三旗連合之事而已。

全旗狩獵。經旗長扎薩統帥之許可。集合旗內兵丁行之。今尚一年舉行一次。

部落狩獵。集一村或數部落之兵勇。通以部落之長。如台吉或佐領等舉行之者。一年內或三四次五六次行之。是爲部落狩獵之單位。以資練習爲他日全旗狩獵。欽臨狩獵之預備。藉奏膚功者也。

個人狩獵　爲每戶行之者。家族之丁男。悉出獵以競技。又時或聯合近隣二三戶行之。其目的或爲娛樂。或期得野獸之皮。時期方法。不能一定。

漁業　內蒙無巨流大川。就其面積而比較之。漁產地極鮮。然若有河流池沼。則魚產殊富。其在開拓地方之住民從事漁業者。已爲不少。蒙人則絕未經見耳。蓋在蒙人中縱有食魚者。多不深好。是由蒙地隔海殊遠。獲魚甚難。且不解烹調。唯在遼河及嫩江沿岸之蒙人。有用爲膳食者。漁品物則爲鱘鰉鱠鯉鮒鯰其他之雜魚。漁期則由解氷後至結氷期。約經五個月。其漁之最多期爲降雨發水之時。然以交通不便。漁獲物常以大部分鹽漬而乾之。輸出于滿州。

己 商業

蒙人非絕對無射利觀念者。其所以不求貨殖之道。則以社會發達之程度甚低。優游于廣漠之原野中。專事游牧故也。農耕且待振興。更何經濟之策貿易競爭之足云。故蒙古主要市場。商業之經營。實全握於漢商之手。或一部旁落于外商。自其貿易狀況而觀之。蒙人絕少工藝品。雖在開拓地方間見婦女手製被服。至游牧地帶。且有不習針爾者。幾于日常生活之必需品。舉仰給于漢商與外商。貨幣之使用。不廣。物物而交換之經濟狀態之幼稚。大有古風。此亦文化不及自然之結果也。倘其志。在興蒙。必視察其嗜好。與需用者若何。就其經濟之傾向。而加綿密之考察。徐事振興。勿圖小利。持之以堅忍。其大有造于國家。可毋疑者也。

貿易之現象。現已操自漢商及外商之手。要不過以日用品嗜好品。交換得蒙地之天然產物而已。今將輸出入之品目。揭之如左。

輸出品。　牛、馬、羊、獸皮、獸毛、乳油、鹽、鹹、木材、磨菇、等

輸入品。　綿布、茶、燒酒、小麥粉、雜穀、煙草、食具、佛像、佛具、被服、馬裝等、

輸出品之最重要者。厥爲畜產。每年之輸出類。大約牛三十七萬頭。馬十二萬頭。羊百二十萬頭。其大部約二十五萬頭。輸出於北滿州、哈爾賓附近。供俄人之食料。馬之大部。輸出於中部滿州。又羊之大部百萬頭。輸出於京津各地。主供內地食料者。

乳油。即牛酪。爲夏季牛乳之副產物。其量甚多。塡於羊之胃囊而貯藏之。製法粗雜。帶汚臭。不若外國品之美良。然其價特廉。一英斤以百錢。卽可買得。此爲蒙產輸出

之大有望者。每年當有百五十萬斤之產出。殊未可輕視也。

其他之輸出品已詳工業篇略之

輸入品有自內地與自外國二種。內地商品之重要者小麥粉、穀類、烟草、茶、燒酒、絹、綿布、帽子、靴類、革具、佛像、佛具、他之日用雜貨等是也。外國商品之重要者爲綿布、羅紗、他之織物、自來火、砂糖、柔皮、及日用雜貨等。係俄英德法日所供給也。

若夫輸出入之時期。通常秋冬之交。在市場交易。又或當喇嘛廟會之際。乘蒙人聚集。設臨時市場而物物交換之。若在他之時期。蒙古部落之大部。遠隔于市場者。無常設商舖。其日用各貨。多依行商供給。彼等應付之代價。即爲畜產。行商亦依之以運搬而出。故行商之大者。必有牛車數十輛。凡貨物、天幕、炊具、生活宿營之必要。搭載而行。或以各地之喇嘛廟附近爲其根據。或歷經蒙古包之集團。周轉商賣。其主要之出發點。則爲歸化城、張家口、多倫諾爾、赤峰、小庫倫、鄭家屯、及洮南府等。茲比較其出發點而表示之。

一興安嶺以西之行商者	歸化城（含山西省各地）	四
	北京（含張家口）	二
	多倫諾爾	一五
	赤峰或烏丹城	五
一興安嶺以東之行商者	小庫倫或義州	二
	鄭家屯	三五
	洮南府	四五

由是觀之興安嶺以東之行商比于以西之行商其數極尠不達十分之一者蓋以此方農耕較爲發達且離市場不遠之故也

是等行商蓋皆不遠千里歷險阻艱難經長久之期間而至其地從事貿遷亘十年二十年長或三十年經營慘淡繼續其業其精力之强烈商才之非凡至爲可敬每以一定時期開市受蒙民之歡迎且能洞悉其風俗諳知其語言其投蒙人之好無

微不至。通常三月出發。凡商品與自己一行食料之全部。積載於牛車。携天幕。以就道。逐水草而進行。實耗三月之時光。始達其地。以應顧客之需。至貨物將盡。寒氣漸臻。已及九月中旬。撤天幕。車載其交換可得之羊毛牛皮與牲畜。結隊歸來。于十月十一月至市場。將携帶之畜產物賣却換銀。歡歸故鄉。藉慰在蒙九閱月之辛勞。休息不過三月。其間備嘗酸楚。竭畢生而瘁力其事。絕無倦容。且益務擴張。則其利益之豐。可毋庸疑也。故通蒙古各地。無不有其車轍馬跡。苟有十數戶之蒙古部落。罔不見行商者之天幕。塊然存焉。

蒙古商業。首推漢商。厥以京直東三省(多魯人)山西等商爲最。興安嶺以東。貫于哲里木盟。爲直隸東三省商之勢力範圍。興安嶺以西。歸化城張家口多倫諾爾則爲西商專其利。今示其勢力範圍如下。

赤峯商人(含烏丹商人)——巴林、阿爾科爾沁、扎魯特、敖漢、奈曼地方、

直隸商賈 — 小庫倫商人（含義州錦州朝陽商人）— 奈曼、喀爾喀左翼、達賴、罕阿爾科爾沁、賓圖博王、地方、

東三省商賈
- 鄭家屯商人（含懷德昌圖奉化等）— 達賴罕、扎魯特、阿爾科爾沁、圖什業圖、博王地方
- 洮南府商人（含新城農安懷德等）— 圖什業圖、扎薩克圖、蘇鄂公、扎賚特、地方

北京商賈 — 安定門外商人 — 興安嶺西北側各旗

北京商人爲藍布天幕。其外爲白布天幕。不易識別。

我國商業之振于蒙地。洵爲可喜。然以商法不具。每不問其地之東西。出身何地。類多陰險譎詐。重利盤剝。常以商略誘其嗜好。商品售以高價。賒貸則重責三分四分之息金。計期索債。迫其履行。遂强取家畜以充息金。而去仍存本金。使蒙人負債及于子孫。而不克清償。又良爲可恨。蒙人天性質朴單純。其不致背國嚮敵也難矣。此

又興蒙者所不可忽也。

漢商之在蒙勢力已如上述、惟其重要市場之盛況實與將來振興商業、經營蒙疆者、所不可漠視者、一曰鄭家屯、二曰開魯縣、三曰白音太來（即通遼鎮）四曰林西縣、五曰烏丹城、六曰錐子山、七曰小庫倫、八曰開通縣、九曰突泉縣、十曰長嶺縣、茲就各要市分述之如次、

一鄭家屯　離南滿鐵道四平街車站西北百九十五里。在老哈河右岸。東南一面爲耕地。四周平原。邈無涯際。僅東方有勃克圖山。市街由東北至西南約一里。南北半里餘。重要商業區域。在前後兩街。由東北至西南街道廣闊。建築壯麗。市內要處。有砲台以防馬賊。通衢大道。有巡警。夜有軍隊巡邏。全市人口約三萬。資本三千元以上之商店。共七十七間。粮棧五十七間。藥店五間。木舖七間。其餘大車店九間。客棧三十餘間。集合之農產物。約十二萬石。大部分供用于本地。餘二成。由遼河運至新民屯、營口、方面。又遵陸而至四平街。畜類之集合。與農產之集合。共爲增減。近年

平均馬一萬三四千頭。牛一萬五千頭。羊一萬二三千頭、其集合期。在陰歷八月至十一月。又毛皮之集合。則有牛皮約一萬枚。羊皮一萬五六千枚。馬皮二三千枚。羊毛一萬四五千斤。蘇打達二十萬個。魚類亦多。

（二）開通縣。在洮南之南。科爾沁右翼前旗地。面積約一萬三千三百方里。市街在鄭家屯之北。三百八十里。洮南之南百五十里。人口約七八百。市街尚未完全發達。猶未脫以物易物之風、製造已有進步。

（三）長嶺縣　在開通縣之南。始無蒙人居住。由吉林、農安、懷德地方之移住者。占其大部。城內戶口凡四百餘。人口二千五百餘。萬年有加增。已設有天利農林蠶牧股分公司。以經營該處農業。

（四）小庫倫　位于庫倫河畦。綏東縣所在地也。漢人戶口約千戶。人口約九千人。喇嘛八百人。蒙人戶口約二百戶。人口約三百人。奉喇嘛回敎者頗盛。是爲內蒙最古市場。與我。關係。極密。物資。來集。之範圍。亦頗大。漢蒙交易。數量極多。外貨之。輸入。

約値九萬五千兩國貨之輸入者亦値九萬五千兩云

（五）錐子山　清代爲圍場禁入市及耕作後以令弛許人耕種于是人口漸繁附近有熱河所管之唯一山林實爲木材之出產地圍場知事署在山之東九十里粮捕府市街有三戶約五百人口約四千中有商店約百餘戶農產物多小麥及粟已墾地三千頃

（六）突泉縣　爲圖什業圖地光緒三十二年開放雖有小市街徒以交通不便尚未發達然土地佳良將來農產品爲極有望者

（七）開魯縣　蒙古昭烏達盟之東光緒三十三年設置已開放地約四千頃有戶四百人口約一千五百人地在遼河上流之支流交叉點離鄭家屯四百五十里頗得地利商店自經營匪亂後建設一新小庫倫之分店居多近由鄭家屯及小庫倫輸入酒五十五萬斤油一萬五千斤麥粉五十萬斤烟葉九萬斤豆麵二十四萬斤雜貨則有疋頭類十萬元茶、砂糖、煤油、火柴等五萬元其餘各項約十萬元間有內地處輸入者。爲數甚少。商路則由開魯至鄭家屯。約五百里。至赤峯亦五百里。至小庫倫約五百里。

（八）白音太來　又名通遼鎮、兩年前開放。現在戶口舊市街約二百五十戶。新市街約百五十戶。開放之初、漢人集於舊市街。其後則全部遷于新市街。兩市相隔。不過四里。政府將來備設縣治。新舊兩街之市店共二百間左右。多屬鄭家屯支店。近來日見發達。

（九）林西縣　爲巴林王地。林西鎮守使駐紮地。位置于遼河之上流。察罕木倫河沿岸。現時戶口約四百戶。現在耕地約三千頃。產小麥及粟。由赤峯輸入之雜貨約七萬元左右。將來繁華。從可知已。

（十）烏丹城　建設於前淸嘉慶年間、爲東翁牛特地。位于赤峯之北。商店已達六百戶。資本在一萬以上者約六間、蒙古牲畜之來集者。牛約五千頭。馬三千五百頭。羊一萬五千頭。豚五千頭、皆輸出于錦州各地、羊毛二十二萬斤。羊皮十三萬五千張牛皮三萬張馬皮八千張犬皮一萬五千張旱獺皮十萬張皆由赤峯而運至錦州天津他之各地甘草三十萬斤藥材五萬斤運至錦州麻五萬斤烟葉十萬斤運至附近地方赤峯所造之燒酒二十五萬斤亦多來集半數運至蒙古本處所製麻油十萬斤麥粉五千萬斤蕎麥粉十一萬斤麵粉六萬斤俱消貨于各地雜貨多由赤峯錦州輸入由烏珠穆沁運入之布疋約值二十萬元鹽約百萬斤砂糖、煤油、火柴、紙、及烟等類約三十萬元貿易市場有陵駕於赤峯之勢。

外國商賈之從事蒙古貿易者限於俄人其立脚之點北則恰克圖南不及於天津。自俄謀南下擴張勢力至于庫倫且漸入天津英美商賈亦派買辦于張家口與之拮抗日本商人更自日俄戰役時軍需品之買收亦進出張家口而與蒙古生一關係庫倫南下之俄商更至烏里雅蘇台扶植其勢力其北進之英美商賈亦西至歸化城東之多倫諾爾擴其商業由是中部蒙古之商業雖爲外人之角逐場而內蒙東部之地向無外人覬覦邇來日本東部蒙古之開放强我承認他族逼處禍深矣。

若猶長此不事經營、擴充商務、優勝劣敗。夫豈有我立足地耶。可嘆也已。

四　交通

內蒙地勢。可分爲游牧地方與開拓地方兩種。已詳前述。前者人烟稀少。無商工交易之市場、後者人口稍密。略有大小市街幾處。由是兩地方之交通狀況、大有軒輊。若在開拓地方。且有不完全交通機關之設備。土產之收集。商貨之運搬。稍爲頻繁。交通路較游牧地方實勝一籌、然絕未修整、任其自然。馬迹轍痕。深陷泥中。凹凸不平。行者戒足。倘值雩雨時節。泥濘沒轍、直絕人行。若在游牧地方。全無交通機關之設備。運輸交通。非依特別方法。殊難通過。況加以草竊出沒。尤妨行旅之安寧。籌邊者不可不注意焉。

（甲）道路

內蒙不僅人口稀落。在各部落大體之道路。概不通車輛。惟各王公府、州縣城、滿州、直隸、山西、陜西、及主要商埠有聯絡而已。茲分述之。

(一)起點于直隸北京至西喇木倫河流域以南之各王公府與府州縣城者、
(二)起點于新民府昌圖府至西喇木倫河右岸之各王公府及州縣城者、
(三)起點於鄭家屯(即遼源州)至洮兒河以南西喇木倫河左岸之各王公府州縣城者、
(四)起點于伯都納長春由嫩江洮兒河流域而至黑龍江齊齊哈爾者
(五)起點于張家口至大興安嶺之西南側察哈爾及錫林郭勒盟之各王公府州縣城者、

此上道路。在陰山山脈地帶及大興安嶺西方之地域。主要出口。在于南方及西喇木倫河迤北地方。入口則僅限于東方。然則伯都納鄭家屯新民府錦州天津張家口各商埠占有重大勢力者。可以恍然矣。茲就其道路情形概說之。

(一)橫亘于遼河之上流。至西喇木倫河之左岸、通爲高原地帶、(包大興安嶺)路盤含有砂石。車行不難。運輸用牛車或馱子。其在東者。則兼用大車。惟大興安嶺之東側斜面中有一部之通行少艱。

(二)橫亘于西喇木倫河之右岸、南有陰山山脈、道路傾斜急峻、谷間狹隘、礫石溪谷屢有遭遇、跋涉非易、故此處運輸、專賴駄子、

(三)延沙漠地帶、至外蒙車臣汗部、南由內蒙蘇尼特旗北、而東北行、沿西喇木倫河達于伯都納、沙岡繼續。蟲沙細細。沙堆隆隆、亦可勉強車行、特細沙深約逾尺、風起沙飛、咫尺不辨、人易誤於方向、人馬之進行略難。

至其他部道路。多受季節影響。冬令無河川沼津之可別車行冰上。圓轉自如。反以增其速度。高原地帶是也反是則夏期雨降河川無橋低窪皆成澤國。淖深埋脛交通。阻斷。陰山山脈之地是也。但沙漠地帶過通。應注意者。如左。

(1)詳知道路當用土人爲嚮導。

(2)單獨徒步者日當行六七十里。

(3)馬車、其積載量當于平地三分之一。寧用牛車之爲便。

乙 水運

(一)遼河 貫通奉省內蒙腹部農業資其灌溉商品賴以飛輓由營口上溯至遼源。與南滿鐵路成一平形綫。河身之深廣。茲爲表示之。

(1)自營口至三叉河牛莊附近 深二丈至五丈寬未詳

(2)三叉河至巨流河距新奉路甚近 深二尺至二丈寬一百五十密達至二百密達

(3)巨流河至高蜂溝距鐵嶺四五里 深二尺五寸至一丈寬一百密達至一百五十密達

(4)馬蜂溝至遼源 深三尺至一丈五尺寬七十至一百密達

(5)開魯以上 深一尺至二尺許寬過于下游有四五百密達者

陽歷三月以後。至五月爲氷解期。河水漲。七月至九月爲雨水期。河水亦漲。六十兩月水減小。十一月至次年二月爲結氷期。河流延長約千七百餘里。營口三叉河一段。可通小輪。餘則可通帆舟。有艚船牛船二種。可載重三四萬斤。故自通江至營口大小船隻，號稱七千五六百艘。檣帆往來，溯江而下。沿岸所泊，營口見三千餘艘，通江口見千餘艘，新民見千餘艘。或云通江者爲東西遼河下游之呑吐口，占物產運輸之大半者也。淸宣統元年，即一千九百〇九年，工程司英人秀恩氏測勘遼河中流報告，旋于同年開始疏濬，設船捐局，抽收牛艚等船以充經費。大小船隻來營者收洋一元。宣統元年有二千五百艘，三年有三千二百艘，民國元年有三千艘，二年有二千七八百艘，三年有二千四五百艘，逐年減少。當係河水日就淤塞，漸即衰微乎。歷任東督籌議濬河，費經而輟者屢矣。然欲鞏固邊宇，烏乎可已。況足以補助京奉路以北不能延長之綫，足以發展東盟實業，足以對于南滿鐵路競爭運輸之利益，是在國家之愼措之，豈僅利蒙而已哉。

內蒙水運之利，以遼河爲最，他之嫩江、黃河、灤河已如前述，姑略之。

丙　陸運

運輸事業各依地方道路之情形，略有不同。其種類概別之如次。

(1)大車、
(2)轎車、
(3)牛車、
(4)一輪車、
(5)馱子、
(6)人伕、

大車者因構造大小而有頭大車二大車二種、主用于開拓地方農產物商貨賴以運搬者。其車身結實。車載之重量在五百斤千斤間。無論如何難路。得以通過。輓馬之數。視積載量與遠近爲比例。而不能一定。頭大車之輓牛概爲四、五頭與九、十頭。二大車爲三四頭與五、七頭。然在接壤滿州境地。都爲大形。在直隸者形稍小也。其價格頭大車一輛。自八、九十圓至百三、四十圓。二大車在五、六十圓八九十圓之間。積載量則依季節地形而有差。直隸之山地比于滿州界之平地。其量半減。夏季比

于冬季。又半減。故車輛多使用於冬季。其量在千斤四千斤上下。

轎車爲車輛上裝置有轎者。專供乘客之用。其輓馬普通用騾。官吏或富者乘用。及使用于短距離者。裝飾稍美。多以一騾輓之。其資以用於遠距離者、又稱旱車。無裝飾以二三騾輓之。各地市街有專傭者。轎車之速度較大。但限于開拓地方。游牧地方不能耳。

牛車。專用于游牧地方。有大小二種。(一)載重五六百斤。輓以二或三頭之牛。漢人謂之白色車。(二)載重二三百斤。輓以一牛。漢人稱之轆轤車。

一輪車。即手車。限用于開拓地方。其數不多。

馱子。川于沙地帶。與山地帶。駱駝之積載量。爲五六百斤。在西部爲多、驢之積載量爲百五十斤。騾之積載量。爲三百斤。馬約二百斤。在南部爲多。然在滿州界。其數不少。驢騾馬之馱載。直隸界及蒙古之東半部爲多。此地當陰山山脈之支脈。因道路危險。車輛之行維艱也。

人伕、專備運輸輕量貨物者。

各車運輸之速度比較如左。

大車	一日	三十里至四十里	日里計算
轎車	一日	三十六里至六十里	
牛車	一日	二十里至三十里	
駱駝	一日	三十里至四十里	
馬驢騾	一日	同上	

但無論車馬每七日或十日必與以一日之休憩

丁　驛站

驛站之法。肇自周代。專備傳達公文之用。清代仍之。每百里置驛站。站有官。有役。有馬匹之設備。站之大小重要不能一定。喜峯口六百名。古北口三百名。獨石口四百五十名。張家口五百五十名。殺虎口七百五十名。馬匹每驛五十頭。近因郵電已次第舉辦增減不得其詳。茲就原來驛站之通道。舉列之如次。

1 喜峯口道、達扎賚特者里程凡九百里、驛站十八 屬蒙古者十六屬內地者二

2 古北口道、至烏珠穆沁者里程約七百五十里驛站十五 屬蒙古者十屬內地者五

3 獨石口道、至浩濟特者里程四百里驛站七 屬蒙古者六屬內地者一

4 張家口道、達四子部落者驛站五

5 殺虎口道。至烏喇忒者驛站九又自歸化城分至鄂爾多斯者驛站八

6 阿爾泰軍台路 始于清康熙帝親征準噶爾時。主為軍用驛路。自外蒙科布多烏理雅蘇台等。達于北京之官道也。發烏理雅蘇台入內蒙。至毛明安部。越陰山山脈而入直隸所屬之游牧地、達歸化城入殺虎口。經山西朔平大同二府。過張家口宣化府。而達北京。此官道發北京。出張家口。經察哈爾內蒙而入戈壁達

賽爾烏蘇驛站三十二。自賽爾烏蘇而分二路。一北行由庫倫發恰克圖。一西北行。通烏里雅蘇台賽爾烏蘇間十四站。庫倫恰克圖間六站。賽爾烏蘇烏里雅蘇台間三十二站。

戊 郵務

郵務始於光緒二年、至二十二年、在京設立總局、總管郵務、至於蒙古地方、土地偏僻、通信不繁。僅限於開拓地方、設有郵務局而已、今舉其所在地點如次、

屬於北京總局所管者

古北口、承德府、灤平縣、宣化、張家口、赤峰、喀喇沁王府、

屬於太原分局所管者

和林格蘭廳、薩拉齊、包頭、歸化城、托克托城廳、

屬於牛莊總局所管者

昌圖、公主嶺、法庫門、奉化、八面城、朝陽、建昌縣、長春縣、鄭家屯、

屬於天津總局所管者

喜峰口、平泉縣、

若自庫倫經張家口達北京之郵路。則依咸豐八年十年之北京條約所定。由俄國自費經營也。郵信傳達。每月五回四回。爲輕量郵便物。用蒙人乘馬飛遞。自庫倫至張家口。夏季八晝夜。冬季則達十晝夜。重量郵便物。則用馱子輸送。須十八晝夜或二十晝夜。爲平信則多漢商書信。庫倫郵務局不解漢語文郵信。到達之日。各商店派員至郵務局查取。書信有無。各自處理持去。郵資略昂。

己　電報

電報始於光緒六年。爾後逐次發達、現在內蒙線路、及分局、略舉之如左、

線路	電報分局地點
一北京—張家口—庫倫—恰克圖	張家口、滂江、烏特、叨林、庫倫、買賣城、
二北京—熱河—新民屯線	通州、古北口、灤州、熱河、平泉、建昌、朝陽、劉龍臺、義州、阜新縣、小庫倫、開魯、新民屯

三熱河—赤峰線（熱河、圍場廳、赤峰、烏丹城、林西、經棚、）

四新民—洮南—齊齊哈爾線（新民屯、法庫門、鄭家屯（遼源）洮南府、遼、通州、齊齊哈爾、）

五長春—農安線（長春　農安）

庚　鐵路

內蒙鐵路。尚待經營。惟與黑龍江吉林二省接近地。有東清鐵路之通過。又與盛京接近之一部。有南滿鐵路之通過而已。最近又被日本要求自四平街至洮南府鐵路之敷設權。與長春至洮南之長洮豫定線。洮南經赤峯至熱河之洮熱豫定線。勢力之伸張。震撼內蒙、兼坿京師之背。其勢殆爲可驚。俄復蓄謀侵略張家口庫倫恰克圖間鐵路敷設之企圖。齊齊哈爾、經由洮南至新民府鐵路之垂涎。雖未現實。然日俄相逼。內蒙已危。啓發天然之富源。鞏固國防之計畫。誠當奮起有爲。瞢瞢焉而視爲無足重輕者。大都皆然。誠不解其是何居心。用附日本要求內蒙鐵路略圖。當爲之不寒而慄也。

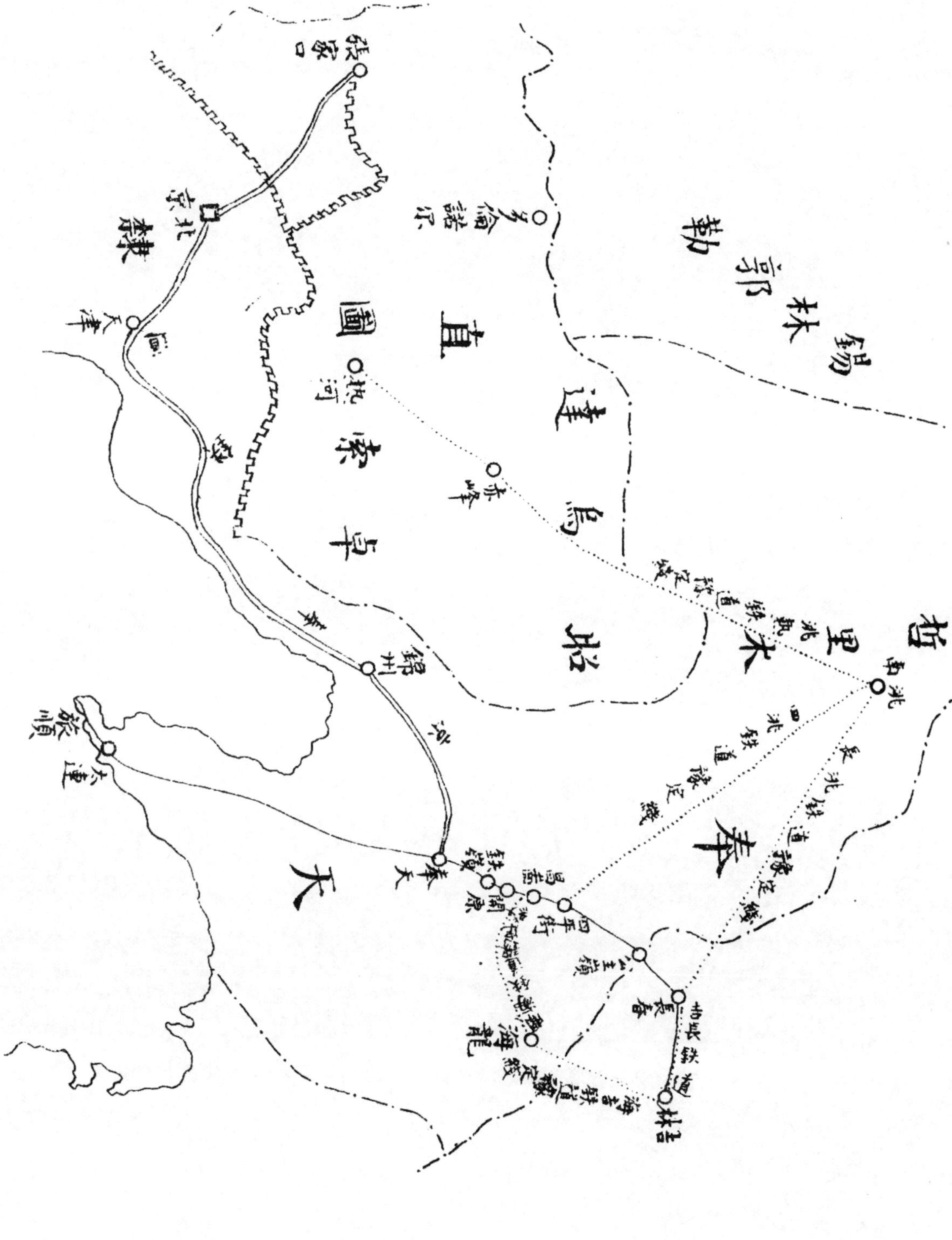

張家口
北京
天津
錦州
奉天
旅順
大連
長春
吉林
熱河
赤峰
多倫諾爾
洮南
直隸

第四編　各部之狀況

一　哲里木盟

哲里木盟。位置於內蒙古之最東部。東南一帶。與東三省爲界。西接昭烏達及錫林郭勒盟。北至黑龍江省。南北二百餘里。東西二百餘里。其面積之大。冠於內蒙。此盟毗連東三省。其東半部。已經開闢。無異滿州。盟以四部十旗而成。列舉如次。

扎賚特部　一旗

杜爾伯特部　一旗

郭爾羅斯部　二旗　郭爾羅斯前旗
同　前　後旗

科爾沁部　六旗
- 科爾沁右翼中旗（蘇鄂公旗）
- 科爾沁右翼前旗（扎薩克圖郡王旗）
- 科爾沁右翼後旗（圖什業圖親王旗）
- 科爾沁左翼中旗（達賴罕親王旗）
- 科爾沁左翼前旗（博多勒噶台親王旗）
- 科爾沁左翼後旗（賓圖郡王旗）

現任盟長爲郭爾羅斯後旗輔國公。副盟長爲杜爾伯特貝子、哲里木盟各旗之王、胥出自元太祖之弟哈布圖哈薩爾也。茲將各王公名簿列左。

現在哲里木盟各旗王公名簿如左（各旗王）△印爲閑散常在北京者

旗名	職名	爵位	名	
科爾沁右翼中旗	扎薩克	和碩圖什業圖親王 △多羅貝勒	葉喜海順 凱畢	
同　前旗	同署理	多羅扎薩克圖郡王 輔國公衘	烏泰 巴圖嘎爾噶勒	前叛在庫倫今已投誠
同　後旗	同署理	鎮國公 同	喇什敏珠爾 烏里克布彥	
同　左翼中旗	同	和碩達賴罕親王	郡木濟勒色楞	
同		△和碩卓里克親王（別名希昭王）	色旺端魯布	
同		△多羅郡王（高王又溫都爾王）	那蘭格呼勒	

同			△多羅貝勒	登諾爾林沁扎布	
同			△固山貝子	楊山巴拉	
同			△輔國公	達賚	（在京）
同			△同	多爾濟	
同			△同	青瑪	
同	前旗	同	多羅賓圖郡王	棍楚克蘇隆	
同	後旗		△和碩博多勒噶台親王 略稱博王	阿穆爾靈圭	（在京）
同			△多羅貝勒	阿爾坦瓦齊爾	（在京）
同			△輔國公	那遜河爾畢吉呼	

同		△同	博迪蘇	(在京)
扎賚特旗	同	多羅貝勒	巴特瑪喇布坦	
杜爾伯特旗	同	固山貝子	什呼布勞丕勒	
郭爾羅斯前旗	同	頭品台吉	布彥楚克(幼少)	
同		△鎭國公代理扎薩克事務	達木林扎布	
同　後旗	同	輔國公	齊莫特散玻勒	

甲　郭爾羅斯部

郭爾羅斯部。在直隸喜峰口東北千四百八十里。至北京千八百九十里。東西相距四百五十里。南北相距六百六十里。東界吉林省。南界盛京邊牆。西及北界科爾沁部。所部之旗。附屬於科京沁左翼，古爲契丹地。

(一)郭爾羅斯前旗。(又名南郭爾羅斯)爲扎薩克鎮國公之牧地。在嫩江松花江合流點之西南岸一帶。吉林伊通邊門之西。東北接松花江(又名烏拉河)東南以邊牆吉林爲界。西接科爾沁西北接科爾沁右翼後旗。西南接科爾沁左翼。東西九十餘里。南北約一百八九十里。

公爺府在於長春西北九十餘里。伯都訥之東南、松花江南岸里許之空營子。西負邱陵。榆柳鬱蒼。東南臨江、絕饒勝景。土壁內有瓦葺家屋。蒙古旗人百餘戶在焉。全旗大約三千戶。人口一萬八千。生業牧而不農。住居爲固定之屋宅也。

本旗扎薩克爲頭品台吉。名布彥楚克。以幼少不經事。代行事務。爲其叔父鎮國公達木林扎布。氣候不甚嚴寒。土地稍肥沃。水草豐美。大部分適於耕作。往年旗長某開放自分土地之一部。招致漢民。爲之開拓、今尙未及百年。長春農安居然成市阡陌相連。村落交錯。爲北滿最美之農產地。現今移民之數。大約十五萬餘、與達賴罕博王旗爲內蒙人口最稠密之區。旗內東南部已於嘉慶五年。許開墾。置長春府。光緒八年置農安縣焉。農安者俗稱龍安、金人龍安府之故墟也。在長春之北二十里。伯都訥之東南三十里。戶數八百。人口約六千。此地在松花江流域中。富有耕地。產粟、高粱、玉蜀黍、小麥、豆等云、

(二)郭爾羅斯後旗。(又即北郭爾羅斯)為扎薩克輔國公游牧地。當松花江之北岸。嫩江之東岸。東至黑龍江省界。阿勒克巴魯南隔松花江至伯都訥阿爾楚喀界。西隔嫩江扎賚特界。北接杜爾伯特界。東西百里。南北二百里許。

公爺府。在哈爾賓之西方二十一里。對青山停車場南方四十五里。現扎薩克名齊莫特散坡勒。年三十八九歲、現任哲里木盟盟長之職。譽望頗隆。

本旗領內。向為雜草茂生之荒野。自光緒三十一年著手開拓。至三十二年。設肇州廳、管轄移民。地味膏腴、不施肥料、高粱、粟、麥、豆等。亦可得充分之收獲。在旗內之蒙古營子。即自蒙古住民而成之部落。數約七百。一部落之戶數以二三或十四五而成。戶數約二千。人口為一萬二千內外。又通旗內有十三處之喇嘛廟。每廟有二十

名以上之喇嘛僧、

乙　杜爾伯特部

杜爾伯特部、在直隸喜峰口外、東北千六百四十里、至北京二千五十里、東西距百七十里、南北距二百四十里、東界黑龍江省、南界郭爾羅斯部、西界扎賚特部、北界黑龍江省、所部一旗、屬科爾沁部右翼後旗、本契丹地、

現貝子名什呼布勞丕勒、由喇嘛僧還俗、繼承貝子者、資質活潑、善談論、爲哲里木盟副盟長。

貝子府距伯都納齊齊哈爾街道。凡六里許、在塔爾哈站之東約十五里。多耐站之東約十二里。四周一望無涯、豐草茂林、人烟絕稀、僅見牛羊成羣、牧子部落之散處耳。良田沃疇、殆爲罕見。光緒三十二年、于旗內置安達廳、非不獎勵移民、土味稍瘠、尚未十分發達。蒙民猶事牧畜、稍事畊種、以供已需。村落集團、惟塔拉哈、多耐、溫托昏、及安達地方而已。

嫩江流于旗之西境。爲北滿屈指之魚產地、塔拉哈站一帶、則同流域之第一漁獲場也、其大部爲杜爾伯特貝子所屬漁民。採魚之賣價。年四十圓者有納地皮錢（卽漁業稅）一圓二角于王之義務。旗內之喇嘛店（納赫爾諸爾之東北約三十里）及小蒿子（喇嘛店之北三十里）一帶之地。爲著名之產。鹻地。自此連亘于齊齊哈爾三十。餘里之地。更沿嫩江。南下。之一。大。鹻源。卽供給北滿。各地。鹻。之原產。處也。

丙　扎賚特部

扎賚特部、在喜峯口東北千六百里、至京師二千里、東西距六十里、南北距四百里、東界杜爾伯特部、南及西界郭爾羅斯部、北界黑龍江省、所部一旗、屬科爾沁部右翼、本契丹地、

貝勒府、在綽爾河谿谷間、齊齊哈爾之南方約百二十里也、府內、有漢、蒙、滿國語學校。府之書記官任教授、有學生五名、現貝勒巴特瑪喇布坦、現年十五歲、叔父某代行府務焉、

旗之南境、漸次許民開拓、光緒三十四年、設大賚廳。於京興鎭、設分局、翌年設塔城縣、隷黑龍江省、王府以西、概爲蒙古包部落、戶數約二千五百、人口約二萬、專營牧畜、

丁　科爾沁部

科爾沁部、在直隷喜峯口外東北八百七十里、至北京千二百八十里、東西距八百七十里。南北距二千一百里、東界扎賚特部、南界盛京邊牆、西界扎賚特部、北界黑龍江省、部分六旗、右翼後中前三旗、左翼中前後三旗、內蒙古部以此爲最、

(一)科爾沁右翼後旗、(蘇鄂公旗)爲鎭國公游牧地、跨洮兒河之西岸、去北京九百里、位置于扎賚特旗之西南、東南一帶、界郭爾羅斯前旗、西北界右翼前旗、北至慶哈山界、索倫廣袤東西約二十里。南北約一百八十里、本爲鞑韃之地。現鎭國公、喇什敏珠爾有貝子銜者是、

公爺府、在洮南府之西北、約百餘里、洮兒河之左岸、旗內戶數二千五百、人口一萬

五千、住蒙古包專事游牧、惟洮兒河流域地味頗肥、近以移民增加、光緒三十年。洮南府之東北、白城子、置靖安縣。洮兒河南岸高家窩堡、置廣安縣。屬于洮南府焉。

(二)科爾沁右翼前旗、(扎薩克圖王旗) 多羅扎薩克圖郡王游牧地也。東南爲右翼後旗、南爲郭爾羅斯旗、自西南而西北、爲右翼中旗、北爲烏珠穆沁旗、西北接黑龍江省、其廣袤東西六十里、南北一百二十里、現郡王府、在洮南之北、約九十里、洮兒河之右岸、郡王名烏泰、年五十四五歲、前以謀叛民國不成、逃赴庫倫、今由輔國公銜巴圖嘎爾噶勒執行扎薩克事務、旗內戶數約三千七百、人口二萬五千、主營牧畜、亦有耕種、近時旗之東南、洮兒河沿岸開拓進步、移民日多、光緒三十年、于旗內設洮南府及開通縣、屬奉天管轄、民國三年一月十日、有開放商埠之令、

洮南府屬有開通、廣安、靖安三縣、東經百二十三度五十分、北緯四十五度四十五分、在洮兒河交流河之交點、原稱薩鷄街、茅土爲蒙古部落、僅二三土屋而已、光緒二十八年、與扎薩克圖郡王協商開放、選此爲城基、設荒務局、改稱雙流鎮、自是來

住者日繁、光緒三十年、新置縣、不過數十戶、後以奉吉魯之移住者多、更設洮南府。居民七萬、多務農畜牧、次之營工商業者殊少、城內商民有三百七十二戶、外國商品之輸入者、以棉布爲大宗、土貨以懷德縣八面城之糯米、新城縣索倫山之材木、烏珠穆沁之鹽及棉花、茶、蔗糖等物爲多。輸出品則以大豆、獸皮二項爲最、年出大豆約六千石、牛、馬皮二萬張、羊、狐、犬等皮二萬張、牛馬一萬八千頭、其牛馬多售于江省及奉天等處、城內有燒鍋三家、本地各項商品之銷路、日本約占六成、外國二成、索倫木材、多由蒙人採伐、產額不巨、雖有採伐章程、不過敷衍從事、苟辦理得宜、亦發達該地方事業之一也。城北百五十里之處有黑頂、產白土甚富、索倫山中鑛產尤多、然操自蒙王、採伐不易、有月亮泡、（泡、湖沼之義）年產魚約值二十四萬元、農業以大豆、高粱爲多、其赴該地游歷之日人絡繹于道焉、

（三）科爾沁右翼中旗（圖什業圖王旗）圖什業圖王游牧地、東界右翼前旗、西南接左翼中旗、北界索倫及烏珠穆沁左翼、其廣袤東西六十里、南北二百十里、王府

在洮南府之西三十五里、鄭家屯之西百里興安嶺支脈之山中、四面繞以山岳、如在釜底之谷間旗內戶數約三千人口二萬餘・業牧稍務耕、王府以西、悉住蒙古包、王府之西南約五里有大喇嘛廟、其最大者大小喇嘛僧約五百人、現親王二十二歲、叔父某代執行其旗務、

(四)科爾沁左翼中旗、(達賴罕王旗)和碩達罕親王之游牧地也、東接郭爾羅斯前旗、南接左翼後旗、西南界左翼前旗、西界奈曼旗。西北接烏珠穆沁、其廣袤東西十三里、南北四十里、旗之中部、概爲廣漠之原野、東南爲東遼河之流域、土味較豐、且毗隣滿州、移民開墾頗多、光緒三年以後、置懷德奉化二縣、及遼源州(鄭家屯已詳商業) 管理民事、王府介在于鄭家屯之西十里、西遼河南北分流之中間、旗內戶數九千人口約六萬、內蒙古管區最廣且富之地方也、現親王名那木濟勒色楞年三十一、二、肅親王之壻也。

(五)科爾沁左翼後旗。(博王旗)博多勒噶親王之游牧地、略稱博王、東西約三十

里、南北約二十五里、接壤滿州、且當遼河流域之沃野、爲哲里木盟中開拓最先者、嘉慶十七年、既許昌圖地方開墾、道光十二年、更于八面城開拓、近來農業漸進、住民漸臻、旗內蒙民戶數約三千、人口一萬五千、但以牧畜爲本、農耕爲副而已。王府在康平縣之西北二十里、遼陽窩棚之西十四五里、王府之西有喇嘛廟、僧侶約二百五十名、親王阿穆爾靈圭充清代御前大臣行走之職、常住北京、旗務以印務協理台吉攝之、康平縣下之馬圈子有一學校、聘日人施新教育云。

（六）科爾沁左翼前旗（賓圖王旗）爲多羅賓圖王之游牧地、在盟中最南端之一角、東界左翼後旗、南以邊牆盛京省爲界、西接錫呼圖庫倫喇嘛旗及喀爾喀左翼、北接左翼中旗、東西十五里、南北三十里、哲里木盟中之最小旗也、王府在康平縣之正西二十里、新秋兒之北八九里、現郡王名棍楚克蘇隆、年二十五、亦嫻官話云、

按以上隸哲里木盟者。地屬遼上京道長春泰州黃龍府龍化州故地。北接黑龍江。東連吉林。南毗奉天。地勢西北背山。其餘三面及中央皆爲平坦。嫩江挾綽爾

洮兒兩河。與松花江會流于東北。西遼河又橫貫于其南。哈古勒河、阿魯坤都河。合流而瀦于中間。水多草茂。耕牧皆宜。今已就其舊有牧地。設新民昌圖長春洮南大賚安達肇州四府三廳。倘移殖而發達之。非僅地無餘利。人足自衛已也。且日人迫近。又烏可視為長治久安哉。

二　卓索圖盟

盟在盛京邊牆之西部、自萬里長城東部之直北、東北達哲里木盟、由喀喇沁三旗、土默特二旗而成、土默特左翼旗、扎薩克多羅貝勒為之盟長、地接羣山、有無數之谿流。山脈延自陰山。克勒嶺雙魯虎嶺松嶺為有名、山勢自西北漸趨東南而低下。至盟之東端而盡。故喀喇沁三旗。非不萬山重疊。最東部之土默特左翼南半。殆現出平野焉。河川有大小淩河灤河老哈河。分流于南北。盟中除土默特右翼外。皆元重臣扎爾楚泰之後裔也。今列各王公名簿於后。

現在卓索圖盟旗王公名簿△閑散王公又常在京者

旗名	職名	爵位	名
喀喇沁右翼旗	扎薩克	△多羅都楞郡王	貢桑諾爾布（在京）
同		△輔國公	林沁多爾濟
同左翼旗	同	多羅貝勒	濕凌阿
同中旗		頭等塔布囊	幹露扎布
同		△輔國公	僧格扎布
土默特左翼旗	同	多羅貝勒	色凌那木濟勒旺寶
同		喀爾喀多羅貝勒	達克丹彭蘇克
同右翼旗	同	固山貝子	棍布扎布

本盟以接近直省、漢民之往來頻繁、爲內蒙中之開拓最早者、各旗多事農耕、牧畜

亦漸減少其部民大抵蒙漢民之同化比于北方各旗、知識頗增、且能解漢語也、

甲　喀喇沁部

喀喇沁部、分左右翼及中旗。在喜峰口東北三百五十里、至北京七百六十里。東西距五百里、南北距四百五十里、東界土默特及敖漢部、南界盛京邊牆、西界察哈爾牧場、北界翁牛特部、

(一)喀喇沁右翼旗、位于三旗中之北部、爲都楞郡王之游牧地、跨老哈河、東隣土默特及敖漢二旗、北連翁牛特旗、西接圍場正藍旗界、西南至熱河廳界、南則嵌入中旗、東南接左翼旗、面積約千六百方里、旗內戶數二千、人口一萬、內外王府在錫伯河之北側、現王爲貢桑諾爾布在蒙古王公爲最有達識者、今爲蒙藏事務局總裁、

(二)喀喇沁中旗、介在右翼左翼之間、爲三旗中之最小旗、輔國公貝勒銜游牧地、東北西三面接右翼旗界、南及東連左翼旗、西南至熱河界、旗民約五百戶、人口二

餘、漢民之移住者、合稱三萬內外、王府在珠爾格朗圖巴彥喀喇山、

(三)喀喇沁左翼旗、固山貝子游牧地去北京百二十餘里、東接土默特右翼旗、南至寧遠州、西界熱河、西北以中旗爲界、東北界土默特右翼旗、戶數千五百、人口八千、漢民移住者約在二萬、王府在巴顏珠爾克旗之北境、建昌縣、

乙 土默特部

土默特部、分右左二旗、在喜峯口東北五百九十里。至京師千里、東西距四百六十里、南北距三百十里、東至養息牧牧場界、西至喀喇沁右翼界、南至盛京邊牆界、北至喀爾喀左翼、及敖漢界、古孤竹國、遼爲興中府、元屬大寧路、明置泰寧衛、

(一)土默特左翼旗、爲多羅達爾漢貝勒游牧地、東接岳洋河、(亦作鷂鷹河)南接邊牆、西與左翼爲界、北連喀爾喀左翼旗、民約三千戶、人口一萬外、移民已達十餘萬、王府在錦州街道之上、

(二)土默特右翼旗、東北與喀喇沁左右兩翼爲鄰、北接敖漢、東連右翼、南接錦州

府、固山貝子游牧之地也、跨敖木倫河、(又即大淩河)東北約二百里、王府在朝陽府之東北黑城子、(稱巴顏和碩又稱大華山)旗下戶數四千、人口三萬、其他移民、約十餘萬、

喀爾喀左翼附旗附于土默特左翼、連接于錫呼圖庫倫喇嘛之小部、與屬于昭烏達盟者同名異實、俗稱唐喀爾喀、僅有土地、不成爲旗、爲土默特左翼之附牧貝勒府在小庫倫之西、實爲小閑散王而已、

按以上隸于卓索圖盟者。爲遼中京大定府。地在哲里木盟之西。當奉天之錦州及直隸太平遵化邊外。地勢南接盧龍之塞。東肘醫閭之山。北接平原。灤河挾宜孫河貫其西。老哈河大小兩淩河皆源於東北。山川奇秀。草木美盛。宜植宜播。入夏無暑。有唐奚王避暑宮殿之遺趾。淸代亦建避暑山莊。爲木蘭秋狩駐驆之所。近雖新設承德朝陽二府。興殖事業。寂焉罕聞。亦可悲已。

三　昭烏達盟

昭烏達盟、當哲里木盟之西。以八部十一旗而成。盟地在翁牛特境內。以阿爾科爾沁爲盟長、地勢興安嶺起頂白岔山。（蒙語神之意）自西南而斜走東北、縱斷于盟內、幷有西喇木倫河、察罕木倫河老哈河等流、橫貫于其間。山川雄秀。水草豐美、契丹之興、實基于此、

近時旗內移殖日盛、從事農畊者多、加以翁牛特、敖漢、克什克騰諸部、開墾更見進步、現已設置赤峯阜新等縣、最近又新設林西開魯等縣、將來西遼河一帶之荒區、變爲沃壤、實邊鞏防庸有賴乎、

此盟接近移民地方、即翁牛特、敖漢、奈曼、喀爾喀及克什克騰之大部、概事農畊、有建造之住宅、自此各旗之北部、構居于興安嶺之谷地者、多住蒙古包、不解漢語、惟南部則解漢語、

昭烏達各旂王公名簿 △爲閑散或在京者

旗名	職名	爵名	盟

奈曼旗	扎薩克	多羅達爾汗郡王	蘇珠克圖巴圖爾
巴林右翼旗	仝	多羅郡王	扎噶爾
同　左翼旗	仝	固山貝子 △固山貝子	色丹郡木扎勒旺布 薩旺喇普坦
扎魯特右翼旗	仝	多羅貝勒	林沁諾依魯布
同　左翼旗	仝	多羅達爾汗貝勒 鎮國公	多布柴 覆勒瑪扎布
阿爾科爾沁旗	仝	多羅郡王	巴唯爾齊里第
翁牛特右翼旗	仝	多羅都楞郡王	贊巴勒諾爾布
同		鎮國公 輔國公	旺巴林沁 達爾瑪巴拉
翁牛特左翼旗		達爾汗岱青貝勒	花連

克什克騰旗	頭品台吉	那木濟勒
喀爾喀左翼旗	多羅貝勒	勒魯木色楞
敖漢旗	多羅郡王	色凌瑞魯布
同	公多羅郡王	察克爾扎布
同	色固山貝子	德色賽都布

甲　翁牛特部

翁牛特部分左右二旗、在直隷古北口外、東北五百二十里至北京七百二十里、東西距三百三十四里、南北距三百五十七里、東界阿魯科科爾沁部、西界承德府熱河圍場地、南界喀喇沁部、及敖漢、北界巴林部及克什克騰部、

（一）翁牛特右翼旗、卽西翁牛特、爲多羅杜棱郡王游牧之地、東界敖漢、南界喀喇

沁右翼。西北接克什克騰、東北連右翼旗、廣袤東西五十里、南北十五里、王府在赤峯縣西北十里之哈齊特呼朗、旗下戶數二千、人口一萬二千、漢民約達十萬、此地當英金河畔、土地肥沃、與喀喇沁右翼均爲開拓最先旗、內之在于赤峯縣者、農畊甚盛、旗民雖主牧畜、且亦從事畊稼、大部均解漢語、赤峯之東十里有元寶山、有最良之炭礦焉。

赤峯者、蒙語爲烏蘭哈達、略稱哈達、屬西翁牛特管下、自熱河至烏丹城、位于喀喇沁王府之北二十五里、市街之東南則控山、西北則臨英金河、戶數千五百、人口二萬此地在西喇木倫河之上流、當英金河之流域。不僅地沃耕適、且足以控引巴林、烏珠穆沁阿爾科爾沁等游牧之地、家畜之集合甚夥、貿易殊盛、民國三年一月十日開放、爲通商地者。

(一二)翁牛特左翼旗、卽東翁牛特、爲多羅達爾漢貝勒游牧地、東以阿爾科爾沁旗爲界、東南爲奈曼、南爲敖漢、西南爲左翼旗、西北爲克什克騰、北及東北接巴林、廣袤東西五十里、南北十五里、王府在扎喇峯之西、綽克溫都爾烏丹城之東北二里餘。俗稱烏丹貝勒府。旗民戶數千餘、人口約一萬外、漢民約有二萬、雖不如西翁牛特之盛、且亦漸次發展、特在旗之北部爲沙地。不適農畊、旗民主事牧畜、概住蒙古勾。距貝勒府之西南三里爲烏丹城。已詳商業略之。

乙　阿爾科爾沁部

阿爾科爾沁部所部一旗、在直隸古北口東北千一百里、至北京千三百四十里、東西距百三十里、南北距四百二十里、東界扎魯特部、西界巴林部、南界喀爾喀左翼、北界烏珠穆沁部、王府在於琿圖爾山之東托木台、旗民戶數三千、人口一萬、光緒三十四年、新設開魯縣、已詳前篇、

丙　敖漢部

敖漢部、在直隸喜峯口外、東北六百里、東西距百六十里、南北距二百八十里、東界奈曼部、西界喀喇沁部、南界土默特部、北界翁牛特部、所部一旗、古鮮卑地、王府在

鼎足山、蒙語固爾班圖貝噶山旗民戶數約三千、人口在一萬外、移住民稱一萬、旗民雖事牧畜、然亦漸解農事、大概皆住土築家屋云、

丁　扎魯特部

扎魯特部、在直隸喜峯口外東北千一百里、至北京千五百十里、東西距百二十五里、南北距四百六十里、東界科爾沁部、西界阿魯科爾沁部、南界喀爾喀左翼、北界烏珠穆沁部、所部二旗、漢時爲遼東郡之北境、

(一)扎魯特左翼旗、即東扎魯特、爲多羅貝勒之游牧地、東南至科爾沁達賴罕、北爲烏珠穆沁、西連右翼旗、貝勒府在扎魯特河之右岸谷地、旗民戶數千五百、人口五千餘、本旗雖尙未開放、然與阿爾科爾沁部接近之西遼河一帶、尙能開拓、旗民以牧畜爲本、家畜比于各旗實占多數、王府附近之旗民、住蒙古包、西遼河一帶則住土築家宅焉、

(二)扎魯特右翼旗、即西扎魯特、爲多羅達爾漢貝勒游牧之地、東界左翼、西界阿

爾科爾沁、南接奈曼、北連烏珠穆沁、旗下戶數千五百、人口五千餘、旗民生業住居、略與左翼同、

戊　喀爾喀左翼部

喀爾喀左翼部所部一旗、在直隸喜峯口外八百四十里、東西距百二十五里、南北距二百三十里、東界科爾沁部、西界奈曼部、南界土默特部、北界扎魯特部、及翁牛特部、古鮮卑地、貝勒府在小庫倫之西十里、旗民戶數五百、人口三千、移住民約五千餘、屬于阜新縣管轄、此旗對于土默特左翼附旗之唐喀爾喀俗稱朝喀爾喀焉、

己　奈曼部

奈曼部、在直隸喜峯口外東北七百里、至京師千一百里、東西距九十五里、南北距二百二十里、東界喀爾喀左翼、西界敖漢部、南界土默特部、北界翁牛特部、所部一旗、古鮮卑地也、王府在大靑他拉（彰武台）旗下戶數四千、人口二萬、漢民約三萬、旗之南部、近已開拓、光緒二十四年設阜新縣以管轄之、光緒三十四年、新設綏東

縣、人民悉住家屋、若至北部沙地、概住蒙古包、業牧畜焉、
阜新縣者、位置於奈曼王府之東南二十餘里、朝陽之東北、約四十里餘、市街在鄂爾杜坂山之南麓溪間、蒙人稱鄂爾杜坂、戶數百餘、人口約二千、市街不甚繁榮云、

庚　克什克騰部

克什克騰部、所屬一旗、在直隸古北口東北五百七十里、至北京八百十里、東西距三百三十里、南北距三百五十七里、東界翁牛特及巴林部、西界浩濟特部及察哈爾正藍旗牧廠、南界翁牛特部、北界烏珠穆沁部、遼之平地松林是也、王府在吉拉巴斯峯、旗民戶數約一千、人口約四千餘、近時南自圍場、東至巴林部、漸許漢民開拓、本旗之西喇木倫河流域、亦被開放、惟住居興安嶺中之旗民、尙住蒙古包、風俗粗野耳、旗內有經棚城、在多倫諾爾之東北三十餘里、去今八十年前所創設者、初因漢民盜掘金礦、每年假小屋而居、喇嘛廟外、殊無住民、漸次發達、成爲市街、其位置當赤峯烏丹城多倫諾爾張家口等地方連絡之要衝、人口約一萬、地產小麥、有

大小商舖焉。

辛　巴林部

巴林部、所屬二旗、在直隸喜峯口外東北七百里、至北京千一百十里、東西距九十五里、南北距二百二十里、東界喀爾喀左翼、西界敖漢部、南界土默特部、北界翁牛特部、遼上京臨潢府地也、二旗同界游牧、不分疆畛、然旗民自無混淆、有自然之牧境、右翼扎薩克駐于托盈山、左翼扎薩克駐阿察圖陀漢海、戶數二千、人口一萬餘、概住蒙古包、逐水草而居也。

按以上隸昭烏達盟者、遼上京臨潢府及其所屬懷儀坤烏永饒諸州地也、位于哲里木盟之西、地勢當陰山山脈之起頂、爲白岔山、自西南向東北斜亘于其間、（克什克騰一旗在山右、餘十旗在山左）西遼河（即潢河亦卽西喇木倫河）源出平地松林、察罕木倫與老哈河合流而橫貫之、哈齊爾河綽諾河（或誤作察勒）抱錫喇溫都兒山、環流而瀦爲達布蘇圖泊、山川雄奇、水草澤饒、契丹崛起。實基于是。平地松林。在克什克騰境內。牧地森鬱。周延四百里。是名圍場。中豐禽獸。前清咸豐以前。清帝秋獮。即在此千里之內。率所屬以合圍。隱寓尚武之意。同治以降。此風遂渺。當此日禍駸入。不亟起圖。人將任意馳騁。可奈何已。

四　錫林郭勒盟

屬於本盟之各部、在興安嶺山脈之西側、東自索倫界及哲里木盟之西北境、西達烏蘭察布盟之東南境、南交察哈爾八旗、並昭烏達盟西部諸旗之境、北連外蒙喀爾喀車臣汗部之界、其廣袤大約南北五十里、或百里、東西跨二百餘里、盟以五部十旗而成。地屬高原。戈壁之大沙漠。自西北來連延于盟之東南。繞以興安嶺山脈。至若西北部沙漠方面。地勢低下。盟內各部烏珠穆沁之紅淩河外。均爲西北流。或瀦爲池。或沒沙中爲伏流。無一通海之水。其水每一次偶現地上。即爾伏沒。時以爲常。故盟內到處池沼甚多。水中多含鹻質。其最大者厥爲阿巴哈納爾之達爾諾爾。周圍三十里。兼有漁獵之利。惟在盟之偏北各旗。地爲高原。氣候不適耕種。且大半屬於沙漠地帶。與南方開明地域相隔甚遠。是爲內蒙古民度最低部分。盟內雖不無豐壤、然以土民不事耕作。純然游牧。逐水草而轉徙。爲內蒙牧畜最盛地。家屋除寺院外。雖王公亦住蒙古包。特其民度雖低、然性頗勇敢。體格強壯。朴直。無私。富于服從心。男女巧騎馬。尚不失當年之遺風焉。

本盟各旗羊畜最多、每年經由天津輸出之羊毛、殆爲本盟及其西北各地而出者、也、但須注意者、若出天津越興安嶺而東、達南滿綫、殊爲便利、其他東北部由索倫界產出之良材、又東部多野獸、如狠鹿、野羊等是也、茲將各王公之名簿列左、

現在各王公之名簿△印爲閑散或在京者

旗名	職名	爵位	名
烏珠穆沁右翼	扎薩克	和碩車臣汗親王	索諾木喇布坦
同	同	△鎭輔國公	達木林喇什

烏珠穆沁左翼	同	多羅額爾德尼貝勒	棍木蘇倫
浩濟特左翼	同	多羅額爾德尼郡王	色隆托濟勒
浩濟特右翼	同	多羅郡王	桑達克多爾濟
蘇尼特左翼	同	多羅郡王 △多羅貝勒	瑪克蘇爾扎布 郭爾卓扎札布
蘇尼特右翼	同	多羅都楞郡王 △輔國公	德木楚克棟魯布 特穆爾
阿覇垓左翼	同	頭品台吉 多羅卓爾克圖郡王	扎那密達爾 布彥烏勒哲依
阿霸垓右翼	同	△多羅郡王 固山達爾漢貝子 輔國公	楊桑 貢多桑保 布彥托克托呼
阿巴哈納爾右翼	同	多羅貝勒	旺沁郭呼布
阿巴哈納爾左翼	同	固山貝子	車凌多爾濟

甲　烏珠穆沁部

烏珠穆沁部、在直隸古北口東北九百二十三里、至北京千一百六十三里、東西距三百六十里、南北距四百二十五里、東界黑龍江、西界浩濟特部、南界巴林部、北至沙漠、所部分左右翼二旗。

(一)烏珠穆沁右翼旗、即西烏珠穆沁。和碩車臣親王游牧地、跨有音扎哈河、胡盧古爾河、瀦于阿達克諾爾一帶之地、東接左翼旗、南界巴林部、西及西北連浩濟特、北至車臣汗部、王府在烏丹城之西北八十里、旗民戶數三千五百、人口二萬、錫林郭勒盟中之最大者也、旗內大寺院不少、有著名者數處、鹽池則有多布蘇圖湖云、

(二)烏珠穆沁左翼旗、即東烏珠穆沁、多羅額德貝勒游牧之地、當索岳爾濟山之西麓、罰爾虎河、滙於和里圖諾爾之邊、是西界右翼、南接巴林、東南爲阿爾科爾沁及扎魯特旂、東自達賴罕圖什業圖及扎薩克圖旂、達于黑龍江索倫境爲止、北接車臣汗部、王府在罰爾虎河北之奎蘇陀羅海、居民住爲蒙古包、戶數千五百、人口

五六千、地以產良馬稱、幷多野獸焉、

乙　浩濟特部

浩濟特部、在直隸獨石口東北六百八十里、至北京千一百八十五里、東西距百七十里、南北距三百七十五里、東界烏珠穆沁部、西界阿巴噶部、南界克什克騰部、北界烏珠穆沁部、所部分左右翼二旗、

(一)浩濟特右翼旗、卽西浩濟特、多羅郡王游牧之地、當錫林河之下流、達毋鄂謨湖附近、東界左翼、南爲克什克騰、西爲阿覇垓、北接車臣汗部、戶數千餘、人口五千餘、王府在烏默黑塞里、住蒙古包、

(二)浩濟特左翼旗、卽東浩濟特、東界右翼、南爲克什克騰、西南爲浩濟特、北及西北與車臣汗部爲界、王府在獨古克呼圖克湖、欽住爲蒙古包、旗下戶數千餘、人口五千餘、王府之北十二里、有鹽池。爲西烏珠穆沁所共有。他不得採取焉。

丙　阿覇垓部 又作阿巴噶

阿覇垓部、在直隸張家口東北五百九十里、至北京一千里東西距二百里、南北距三百十里、東界阿巴哈納爾部、西界蘇尼特部、南界察哈爾正藍旗牧廠、北至北瀚海之南、所部二旂、分左右翼、

(一)阿覇垓右翼旗、在錫林河環流之處、東界浩濟特、南接克什克騰、及察哈爾正藍旗、北及西北連於阿巴哈納爾及左翼旗、西至蘇尼特旗下、戶數二千、人口二千、現王名楊桑、爲錫林郭勒盟盟長、王府在錫林郭勒之西、皆住蒙古包、

(二)阿覇垓左翼旗、頭品台吉之游牧地也、在沙漠中、爲小旗、東爲右翼旂、南界察哈爾正藍旗、西界蘇尼特、北連車臣汗部、旗下戶數約五百、人口不過三千耳、

丁　阿巴哈納爾部

阿巴哈納爾部、在直隸張家口東北、六百四十里、至北京千五十里、東西距百八十里、南北距四百三十六里、東界浩濟特部、西界阿覇垓、南界察哈爾正藍旗、北至沙漠、所部二旂、分左右翼、

(一)阿巴哈納爾左翼旗、爲固山貝子游牧地、與阿覇垓左翼旗同牧、東界浩濟特、西爲右翼旗、南爲阿覇垓、北連車臣汗部、旂下住民千戶、人口一萬、悉住蒙古包、貝子府在錫林河之北岸、古本盟、豐沃、之地焉。

(二)阿巴哈納爾右翼旗、爲多羅貝爾游牧之地、東界左翼旗、南接阿覇垓左翼旗、北連車臣汗部、旗下戶數千餘、人口一萬、內外貝勒府在阿覇垓左翼旗之北、住民悉住蒙古包、

戊　蘇尼特部

蘇尼特部、在直隸張家口北五百五十里、至北京九百六十里、東西距四百六十里、南北距五百八十里、東爲阿覇垓部、西界四子部落、南界察哈爾正藍旗牧廠、北至沙漠、所屬二旗、分左右翼、

(一)蘇尼特右翼旂、多羅都楞郡王游牧之地、在大沙漠之中、東爲左翼旂、東南爲察哈爾正白旂、南爲察哈爾鑲黃旗、西南則爲四子部落、北及西北接土謝圖汗部、

旗下戶數二千人口一萬餘、扎薩克駐薩敏錫勒山、

（二）蘇尼特左翼旗、爲多羅郡王游牧之地東爲阿覇垓、右翼旗、南界察哈爾鑲白旗、西界右翼旗、北接土謝圖汗部、旗民戶數千餘、人口有五千餘也、

按以上五部之隸于錫林郭勒盟者遼爲慶州地元爲應昌路位于昭烏達盟之西南與直隸邊境犬牙相錯地勢由白岔山迤而東北爲蘇尼蘇魯山諸部皆在山右平原莽莽隨處聚有沙陀雖無巨川究多池泊、就中達里泊大周幾三百里。元史所稱荅兒腦漢語呼爲魚兒濼是也魚產極豐大小水淖尤富鹽滷是則地爲瘠薄饒有魚鹽之利者況夫關內流民又曾趨附以牟利誠能利用而發展之奚有利棄于地之虞哉此上通稱東四盟簡言之卽曰東盟皆有扎薩克惟卓索圖盟土默特右翼附牧一盟無扎薩克而已。

五　烏蘭察布盟

烏蘭察布盟者、盟於五藍叉拍山。在歸化城南百二十里卽烏蘭察布所由名也。位

於錫林郭勒盟之西南。其東南界山西。隔河套。而與伊克昭盟對峙。地勢南據陰山。臨河套。北接大漠。雜以草原。可耕可牧。所屬四部。分為六旗。

(一)四子部落部、在張家口西北五百五十里、至京師九百六十里、東西距二百三十五里、南北距二百四十里、東至蘇尼特界、西至歸化城土默特界、南至察哈爾鑲紅旗牧廠界、北至蘇尼特界、漢為雁門定襄兩郡之北境、唐為振武軍地、遼為豐州、元屬大同路、地勢背負陰山。西臨河套。元太祖弟。哈布圖哈薩爾十五世孫。諾延泰有子四、分牧於此。後遂以所部稱。所屬一旗、牧地在錫喇察漢諾爾。有錫喇木倫河瀦焉。齊召南云、此水南經河灘。阻隔重山。當河折而南流之正北也。現扎薩克為多羅達爾漢卓哩克圖郡王名勒旺諾爾布任盟長之職、駐烏蘭額爾濟坡、

(二)茂明安部、在直隸張家口西北八百里、至北京千二百四十里、東西距百里、南北距百九十里、東界喀爾喀右翼、西界烏拉特、南界歸化城土默特、北至瀚海、漢五原郡地、元屬大同路、所屬一旗、一等台吉游牧地、當愛布哈河、源出茂明安旗、東北

流、南納塔爾渾河、又東北經喀爾喀右翼旂、赭爲阿勒坦托輝泊、現扎薩克爲頭等台吉名拉什色楞多爾濟舊駐在地、爲徹特塞里、一統志作駐車突泉會典又作駐巴顏察罕鄂博云

（三）烏喇特部、在山西歸化城西三百六十里、至北京千五百二十里、東西距二百十五里、南北距三百里、東界茂明安部、南界鄂爾多斯部、北界喀爾喀左翼、所屬三旗、分爲前後中、漢五原郡、唐中受降城是也、前旗後旗、均爲鎭國公、前名克什克德勒格爾、後名拉什那木濟勒多爾濟、中旗爲輔國公、名巴寶多爾濟、三旗之扎薩克、同駐哈達瑪爾、漢語鐵柱谷、谷南有鐵柱泉。游牧同地、地當河套北岸、位於噶扎爾山之南、漢語陰山、在旗之西北二百四十里、草木青葱、在昔冒頓單于依阻其中、治作弓矢、來去爲寇、至漢武撻伐、斥奪此地、匈奴過此、嘗潸然雪涕、設險固圉、今較古尤重也、已又旗北二百里有麥垜山、產精鐵云。

(四)喀爾喀右翼部、在直隸張家口西北七百十里、至北京千一百三十里、東西距百二十里、南北距百三十里、東界四子部落、西界茂明安部、南界歸化城土默特、北至沙漠、漢定襄雲中二郡北境、唐振武軍地。所部一旗、牧地在愛布哈河塔爾渾河。二流東北趨、潴於阿勒坦托輝泊、現扎薩名蘊棟旺楚克駐塔爾渾河

六伊克昭盟

伊克昭盟。位于烏蘭察布盟之南。南界陝西。東界歸化城土默特。北接喀爾喀。西界阿拉善額魯特。地勢全據黃河之套。南臨榆塞。北負陰山。淺草平沙。足耕足牧。漢代匈奴。每視河套得失。為強弱。昔為義渠王地。秦得之。置新秦中。即此。所屬鄂爾羅斯部、分七旗、左翼中前後各三旗、右翼中前後前末各四旗、會盟于伊克昭、伊克昭者、譯言、大寺之義也、

鄂爾多斯部、在歸化城西二百八十里、河套內、至北京一千一百里、東西北三面距黃河。東界歸化城土默特。西界喀爾喀。南界陝西長城。西南至甘肅長城界。北至烏

喇忒界。秦爲新秦中地。曾徙貧民以充之。漢爲朔方郡、元立西夏中興等路。明初城東勝等州、並立屯戍。耕牧其中。天順間蒙古始入河套。倚爲巢穴。宏治間火篩復入其內。嘉靖中套西吉囊部落。擊破火篩居此。是爲鄂爾多斯。有子九、分牧而處、服屬于察哈爾。今鄂爾多斯七扎薩克。皆其裔也、所屬七旗。

（一）鄂爾多斯左翼中旗、隋唐爲勝州、多羅郡王之遊牧地、地在納瑪帶泊、東至袞額爾吉廟、南至神木營、西至察漢額爾吉、西北至喀喇扎喇、現扎薩克名特古斯阿勒坦呼雅克圖、駐在地爲鄂錫喜峯、

（二）鄂爾多斯右翼中旗、本漢朔方郡南境、隋唐爲豐州、多羅貝勒游牧地、地在騰格里泊、東至察哈罕扎達海泊、南至賀通圖山、北至馬陰山、西北至阿爾布坦山、即成吉斯汗園寢所在。西至察罕扎輝。清代世宗曾于阿拉善山前。相度泉流。開惠農及昌潤二渠。溉田數十萬頃處也、現扎薩克名噶勒藏羅勒瑪旺扎勒木蘇、駐錫喇布里多泊、

(三)鄂爾多斯左翼前旗、本古榆林塞、隋置榆林郡、唐置河濱縣。固山貝子游牧地。東至湖灘河朔、南至淸水營、西至緜額爾吉廟、北至賀陀羅海、現扎薩克名散齊密都布、駐扎拉谷。

(四)鄂爾多斯左翼後旗、本漢沙南縣地。隋唐勝州榆林郡治。固山貝子游牧地。東至黃河昌帶津、南界賀陀羅海、西至察罕額爾吉、北至黑水泊、扎薩克名懸博爾巴圖、駐巴爾哈遜湖、

(五)鄂爾多斯右翼前旗、隋唐夏勝二州地、固山貝子游牧地、東至察罕額爾吉、南至榆林衛、西至摩多圖察罕泊、西北至察罕扎達海、漢名苦水池。旗西南有紅鹽池。現扎薩克名察克都爾色楞、駐巴哈泊、

(六)鄂爾多斯右翼後旗、隋唐爲豐州九原郡地、固山貝子游牧地、東至兎毛河、南至喀喇扎喇克、西至噶扎爾山、北至烏喇特界、旗西有固山班圖池。共有三池、故名。九十里有鍋底池。周圍二十餘里、產鹽。鹽大而色靑白、名曰靑鹽、又名戎鹽。今套

中產鹽地以喀喇莽尼爲大現扎薩克名阿賓爾巴雅爾駐鄂爾吉虔心爾直楡林府正北少西四百餘里、

(七)鄂爾多斯右翼前末旗一等台吉游牧地乾隆元年所增附者至四十九年、詔世襲罔替現扎薩克名沙克都爾扎布

烏伊兩盟之人口向無確實調查、至多者烏拉特前旗達拉特旗各萬餘人至少者茂明安旗烏拉特後旗、各二百餘人較之前淸康雍年間人口頗繁今則日漸減少幾不及三分之一者蓋亦生計艱窘所至乎

特是烏伊兩盟所轄、雖不過十三旗、然其地方甚廣南隣山西西南毘陜甘北接土謝圖三音諾顏東南界察哈爾實秦晉直隴伊犂新疆以及察哈爾右翼一帶之藩離也地勢之扼要直足以繫中原大局之安危其關係之重且大可知矣

民國二年、庫倫謀叛烏伊牽動政府命張紹曾將軍就近綏撫後各旗固已傾誠內嚮究其所以固防實邊之謀有非縻之以爵即可以安然無恙也玆將各扎薩克之

晉封爵秩列表于次。

盟別	旗別 文稱	旗別 俗稱	扎薩克名	原有爵秩	晉封爵秩
烏盟	四子部落旗	四子王旗	勒旺諾爾布	郡王	親王
	喀爾喀右翼旗	達爾罕旗	蘊棟旺楚克	貝勒	郡王
	烏拉特前旗	烏拉特西公旗	克什克德勒格爾	鎮國公	貝子
	烏拉特後旗	烏拉特東公旂	拉什那木濟勒多爾濟	鎮國公	貝子
	同中旗	烏拉特中公旗	巴寶多爾濟	輔國公	鎮國公
	茂明安前旗	仝上	拉什色楞多爾濟	頭等台吉	鎮國公
伊盟	鄂爾多斯右翼前旗	杭錦旗	阿爾賓巴雅爾	貝子	親王

仝左翼中旗	郡王旗	特古斯阿勒坦呼雅克圖	郡王	親王
仝左翼後旗	達拉特旗	遜博爾巴圖	貝子	貝勒加郡王銜
仝左翼中旗	鄂托克旗	噶勒藏噜拉木旺扎勒扎木蘇	貝勒	郡王
仝左翼前旗	準噶爾旗	散濟密都布	貝子	貝勒
左翼前末旗	扎薩克旗	沙克都爾扎布	頭等台吉	貝子

以上所述東盟西盟部旗之組織。與現在之情形。是爲內蒙古境域區劃之至顯明者。至於日人所稱之東蒙古。歷史上地理上均不能成一名稱。然既蒙侵略。則吾人之所以發達內蒙之決心。尤宜壹意實行。日禍其庶幾少殺也夫。

第五編　史略

一　蒙古之建國及成吉斯汗之勃興

蒙古民族之原始。代遠年湮。載藉無徵。然博稽翔攷。要惟不郛郭。不宮室。穹帳寄而水草逐。史稱游牧行國。夙以勇猛著者近是。若溯其建國之起原。有謂其原爲韃靼之一部者。奚契丹在其東北。契丹衰微、部族之散處于陰山麓者。再稱韃靼。至唐末始以蒙古稱。或又謂蒙古初居朔漠之北。系出忙古部落。後稱蒙骨斯。又稱蒙古。一說蒙古滅金。始有建號。義取从銀，故號蒙古。又有謂其初在阿爾乃袞山中。採掘礦質。煉礦燒山。得開民族之通路。是爲蒙古之起源。史載成吉斯汗之子孫。舉行祭典或除夕日。有煆熾熱鐵之禮。義頗相近。姑備各說。用資參鏡。

在昔內外之防綦嚴。周末山戎獯鬻玁狁之所居。已無疆域可考。實爲今之蒙疆，可毋庸疑。秦漢時、匈奴崛起。領有漠南北。今之喀爾喀地。即王庭所在也。後漢分爲南單于、北單于。再變爲蠕蠕。爲柔然。爲東奚。爲西奚。三變爲東突厥。西突厥。四變爲內

回紇外回紇契丹擾擾紛紛。至遼唐時代。僅僅兼有內蒙一帶。元起漠北。幷有漠南。乃爲古今戎索之一大變、夫何興之暴也、

英雄造時勢者也。當夫挺生應運、其慘淡經營之結果。無論微弱若何。艱難若何。必有推倒斡轉之智力。以表見于人間。英雄之所以爲世界仰望者。有由來矣。蒙古初甚弱小。修貢遼金。非無海都、也速該之締造。然發達國家獨立之精神。究有所限。迨南宋淳熙二年。鐵木眞以豪邁之資。繼也速該而統御部衆、侵掠諸部、又襲和林（庫倫西南十里）而破之。被衆推尊汗號。當時環國而立者。南境爲克烈。西境有乃蠻。北境迫於韃靼。蒙古界在中央。以新建之邦。來四面之敵。可謂艱矣。鐵木眞奮其銳氣。先征合泰赤烏。次略韃靼。破克烈部。蔑里乞部。乘勢渡漠。攻乃蠻。擒其部衆而有之。武力經營。蓋有若是之辛苦卓絕也。乃集酋衆盟於敖嫩河岸。號成吉斯汗。建九旄白旗、行即帝位禮。宋開禧二年也。當是時。乃蠻部酋長獨後至。成吉斯汗怒其不庭。興師征伐。酋長屈出律。敗北走倚西遼阿爾泰山一帶。於是悉歸蒙有。復乘西夏內訌。而

降其王李安全。領地擴張。竟自天山及于伊犂河流域矣。國家之生存發達。惟進取方足以自存。成吉斯汗固以富於野心而開創之傑出者也。一戰定覇。誓師伐金。自不容已。以其子朮赤、察合台、窩闊台爲右軍。其弟哈薩爾爲左軍。自與第四子拖雷率中軍。分道取金。先拔西京。由臨潢渡遼河。頻降其諸部。遂入居庸關。迫中都(即北京)略取河北河東諸部。金爲城下盟。遷都汴梁。成吉斯汗怒其乞和而播遷也。勢將懷貳。再舉伐金。陷中都。降其遼西地方。金僅阻黃河扼西潼關以自守。黃河以北。都入蒙古。時成吉斯即位後之八年也。

蒙古之西有二强國焉。曰西遼(黑契丹)曰花剌子模。西遼者遼之宗室耶律大石。遼亡後。率殘甲走土耳斯坦。屈服畏吾爾、花剌子模等諸部。建立國土。領土自西藏阿模河達于西北利亞之西部。後以勢衰。所屬分崩。乃蠻酋長奔投遼後。瞷其勢之可取也。結花剌子模而亡之。瑪哈默其國王也。當時殆領有中央亞細亞之全土。國勢大振。成吉斯汗因緣回教隊商。遣人購求產物。花剌子模官吏認爲蒙古間諜。報與國王。乃悉其隊商而殺之。成吉斯汗大怒。集合諸子諸將。大起征西之軍。新開金山之險。作爲軍用道路。親率六十萬之大軍。向西域前進。先發于厄爾齊斯河。越金山。涉瀚海。經陰山。以達伊犁河。拔其附近城池。由是以察合台、窩闊台、將第一軍。朮赤將第二軍。拖雷將第三軍。自將中軍指揮。直搗花剌子模之首府布哈拉。所向。無。敵。窮追瑪哈默至裏海之小島而死。更進軍沿印度河而討俄羅斯。底平南部。更席勢遠征。拔波斯。併高加索之地。振師平俄。與俄戰于喀爾喀河岸。破之。長驅直入下土勒伯爾河。入哥里密。轉向裏海北岸。過稽爾奇斯高原。縱橫馳騁。如入無人之境。振旅班師。直堪千古已。

成吉斯汗挾其一往無前之銳。既已西征告捷。更轉其鋒以討金。滅宋。遂其統一。世界之願。發兵以略平涼。鳳翔。輕騎健兒。揚威邊塞。何其壯也。不謂兵次六盤山。忽焉罹疾。以六十六歲曠世之大英雄。竟于歲次丁亥七月十二日賫志以歿。去即位之時。僅二十二年。豐功偉烈。轟動全球。嗚呼。遠矣。于是以輦奉柩。造長陵于阿爾坦山之陰。起白屋八間。奉祀園寢。伊克昭盟所由肇也。蒙語謂大曰伊克。廟曰昭。大廟之得名。實因成吉斯陵寢而來也。

當其建國之初。以弱小部落。崛起瀚海之北。兼幷攻取。殺人五百萬。滅國四十。其版圖之擴張。自內外蒙古滿州。又中華北部。天山南北。中央亞細亞之全部。西北利亞之一部。及於歐州之小部。空前古所未曾有。固由武功彪炳。力征經營而致。然其汲納人才。整飭內治。分封諸子。其治績之犖犖大端。讀史者尤爲嚮往。久之。耶律楚材者。原爲遼族。帝更推誠置腹。倚以圖治。開國規模。胥出楚材擘畫。然則帝之勳業震爍。要在以奮鬭之精神。爲軍國之基礎。誠心公道。又足以潛移感化乎歸附者。此其推倒世界之所由也夫。

二　太宗之南征及歐亞之遠征

太宗二年。繼太祖未竟之謨。重來征金。陷其堡塞六十餘。進圍鳳翔。降之。更約宋夾攻汴京。金帝走蔡州。遣使說宋解兵。未遂。金滅。太宗凱旋。營新都于和林。突厥以來酋長建居之地也。

太宗既已滅金。償其素志。挾屢勝之威。復排衆議。興征伐有宋高麗俄國之軍。以朮赤之子拔都爲征西軍總督、名將速不台爲監軍、輔以貴由蒙哥闊端。太宗之子曲出及胡土虎侵宋唐古伐高麗部署既定、于八年諸軍向厄爾齊斯河源及阿爾泰山之西進行。經塞密坡拉廷斯克州。達窩爾牙河。轉進欽察諸部。襲攻而略有之。由是更陷倆薩尼至科羅毋那。破俄師進而直搗英新科府。轉鏖戰于北俄之烏拉的米爾省會。鼙鼓動地。殺聲彌天。土人至今。尚不忘當時。餘威之震讋也。翌年、拔都圍攻俄之舊都幾愛夫城。激戰而擒其守將朶米特里窩。城下後。以一部掠留布林加里西亞。以一部向波蘭略散士米爾長驅而進。拔庫拉古夫濟。鄂特爾河。攻細拉西亞之首府。堅不能克。轉向而與日耳曼(即德意志)之十字軍戰破之。侵入摩拉維亞行抵波希米亞。陷之。拔都於焉以大軍撲匈牙利與速不台闊端等軍會于瓦爾得尹府。聯軍深入。拔別悉圖(太宗十二年)翌年渡多腦河。迫斯多利峨尼。將陷。聞太宗崩北、班師言旋。然其勇猛敢戰懾伏全歐之氣慨。豈惟風靡一時。實足以模範千秋。惜乎力取而不能智守耳。當此外力逼來。緬想遺風。興起有爲。吾不禁穆然深思矣。

三　憲宗時代之南伐西征

太宗殂。定宗（貴由）立。不數年又殂。憲宗（蒙哥）立。王位繼承致起分爭。後乃寧謐。憲宗元年使忽必烈統治漢南。開府金蓮川（直隸）。忽必烈用隱士姚樞言。釐革軍政。獎勵實業。治績大舉。自是憲宗命忽必烈及兀良哈台將兵攻大理國。唐代所謂南詔。今之雲南是也。二將由臨洮進山谷。溯行楊子江之上游。經金沙江。迫大理城。殲其衆而擒其王焉。忽焉更進攻吐番。吐番者久皈佛教。唐代遣使印度。招高僧蓮華生上師。多齋陀羅尼、秘密宗法。以入吐番。爲喇嘛、密教、一派之開宗。喇嘛勢力之盛大漸臻。者即此。至忽必烈侵入吐番。如猛虎驅羣羊。到處降伏。勢如破竹。喇嘛教之輸入蒙古亦自此始、兀良哈台更進逼交趾。今之安南。走其王于海島。然以暑熱酷烈。僅九日而班師焉。

忽必烈方有事于南征。憲宗更以其弟旭烈兀上西征之途。一以誅滅謨罕默德之小派。一以征服亞剌比亞是也。旭烈兀率兵發和林。經撒瑪爾干出阿模河畔。先伐布喀爾服阿剌丁克什米爾諸國。略波斯平回敎。圍亞剌比亞之首府而陷之。更征西里亞。軍威之盛。無攻不克。其時憲宗正率兵圍攻四川之合州。崩于陣中。旭烈兀得訃東歸。然其國威。西展實足以焜燿今古已。

四　忽必烈之卽位與宋之滅亡

由是之先。忽必烈既已渡淮。圍湖北之鄂州。宋遣賈似道馳救危城。既不能當其精銳。又不能一戰死國。竟爾遣使忽必烈營稱臣于蒙古。割地納欵。忽必烈不許。會憲宗訃聞。賈似道再伸和議。當時憲宗初崩。其弟阿里哥布喀。被諸將擁立卽眞。忽必烈恐有腹背之虞。許賈乞和。旋師開平。（內蒙古）自上大汗之稱。與阿里哥布喀。戰而勝之。遷都燕京。爲大都。開平爲上都。國號元。是爲世祖。

奸庸誤國覆滅社稷君主不愼于平時而悔噬臍不及者豈喪絶心肝之權奸不爲國謀寧不爲身謀哉禍中于人主之比昵宵小浸漸而不名其奸彼宵小即以賣國禍民爲正軌而至死不悟也當其賈似道之屈辱講和于蒙古也秘不上聞反假奏捷報以朦宋帝並邀上賞縱其恣濫跋扈即無敵國其不危亡者幾希乃忽必烈即帝位後遣使于宋迫踐前約賈賈洩其秘捕使者而禁其歸忽必烈大怒起問罪之師以伯顔爲先鋒進兵攻宋宋帝始悟賈似道之奸而免其職然已晚矣神州鼎沸非無四方勤王之師也非無文天祥陸秀夫張世傑之忠臣也然終不敵其水陸并進之鋒一入建康再下臨安追奔逐北至于崖山文天祥被執不屈而死陸秀夫負帝投海而亡有過零丁洋者當亦嘆恨夫奸賊之禍國亡家至于如是夫

世祖自滅宋後領土跨歐亞二大陸于亞細亞則西北利亞之北部印度之南部歐州則其東部皆爲其統治範圍亦一盛矣

五　元之衰亡明之興起

元自世祖忽必烈以後。英君不再。權臣專肆。政出多門。經數帝至順帝之時。遂被滅于有明。溯其衰亡之原有不禁感慨係之者矣。元之歷代帝王皇族。過於崇信喇嘛。耗最巨之供養。又以軍事。繁興之後。民不聊生。休養生息之政。不頒而橫征暴歛之事。迭出。竭澤而漁。民惟有死而已。於是方國珍韓山童之亂。到處蠭起。朱元璋以豪傑之資。起平賊亂。占領江淮。一帶誓師北伐。直逼盛京。其時。元以內亂相尋。已無統一之政。故乏防戰之力。未幾而燕京下。順帝崩。自世祖建國僅九十八歲而元亡。漢族再興。國號明。遭逢世亂。利用人民救死之心。以號兆一切。非明之武力優于宋岳武穆也。是則有國者之圖治當務。夫興業紓民之不可忽也。前車之鑒矣。

六　蒙古之復興元後裔之繼承

明之克復燕京也。順帝既走開平而死。太子愛猷識理達臘逃走和林。倚王保保。元之社稷。不絕如縷。乃委國政于王保保。復稱蒙古。領有漠南漠北。威勢漸振。屢與明搆兵不已。愛猷識理達臘之次子。脫古里帖木兒嗣位。改元天元。後敗于明。其太子天保奴僅以身免。其臣也速迭兒叛。殺脫古里及其太子。迎遠族鬼力赤纂汗位。自號可汗。國號改稱韃靼。部民不服。酋長阿魯台等殺鬼力赤。而迎成吉斯汗之後裔本雅失里爲王。明成祖遣使招撫本雅失里。不應。成祖命邱福討之而敗。自率兵五十萬出塞。破本雅失里軍于敖嫩河岸。其時衛拉特(即厄魯特之轉音)酋長馬哈木者乘本雅失里之弊而殺之。馬哈木之子脫懽復襲殺韃靼之阿魯台。自稱可汗。衆不悅服。復迎立元裔脫脫不花。實權操自脫懽。威勢甚振。脫懽死。其子也先以桀驁之資。自爲太師。烜赫尤甚。脫脫不花徒擁汗名耳。明英宗初年。遣使令其修庭。也先怒其無禮。大舉侵明。兀良哈侵入遼東。逼宣化府。圍赤城。入大同府。將逼燕京。英宗聞之。親帥兵出禦。次于土木。時以衆寡不敵。英宗被擒也。先擁以北去。是爲土木之變。此後。明室疲憊。蒙古益漸侵入邊塞。掠取哈密沙州等處。遂脅朝鮮。也先更殺脫脫不花。自立爲田盛可汗。後被衛拉特之知院攻殺。韃靼酋長孛來又攻殺知院。立脫脫不花之子麻兒可兒。號小王子。麻兒可兒死。其兒馬古可兒立。稱吉思小王子。韃靼酋長。後益專恣。屢行廢立。至阿著死。以其兄子赤爲小王子。阿著有三子曰吉囊曰俺答及老杷都。吉囊居河套。俺答居漠北。老杷都駐牧于宣化府之塞外。三子中俺答最强。威名遠振。明世宗時。屢寇大同附近。後復得明人爲謀主。頻侵直隸山陜。至大舉入古北口。大破明兵。長驅而入。略懷柔。圍順義。抵通州。更薄燕京。明軍至不能拒。蒙兵僅焚掠而歸。及隆慶四年。俺答受明之封爵。爲順義王。名其城曰歸化城。邊陲自此少得無恙。然東部之土蠻。仍抄掠不已也。

七　清之討滅林丹汗統一內外蒙古

元之後裔。自小王子名赤者。四傳至林丹汗。其勢力最大。橫行內蒙。數擾遼東。攻略喀喇沁附近。更乘勢侵掠宣化大同等處。時因土默特部宗族繼承之紛擾。復奪而有之。益形橫暴。淩壓諸部。小部落之微弱者。幾不能防。或走漠北。有投喀爾喀者。或東走科爾沁。倚以避難者不絕于途。其後林丹汗席屢勝之威。來襲科爾沁部。科爾沁。亦以不敵而敗。當時蒙古諸部。有歸附清庭者。鄂爾羅斯部糾合喀喇沁阿覇垓諸部。與林丹汗戰于土默特地。破之。勢雖稍振。然畏後禍。遂相率歸淸以自固。鄂爾多斯者在當時爲最强。據有河套。部族繁衍。三面繞以黃河。占有此要害地者。常足負嵎稱雄。所以在昔長爲邊患也。

淸時崛起滿州。侵明略蒙。征服朝鮮。太宗利用蒙人之乞援也。徵其兵以征林丹汗。連戰敗之。林丹汗遂徙其人畜十餘萬衆。緣歸化城。渡河西奔。走死于青海之大草灘。其子額哲率所部奉傳國璽來歸。封親王位置于四十九旗貝勒之上。額哲死。其弟襲爵。傳至布爾尼。當康熙十四年吳三桂之變。布爾尼煽動奈曼諸部以叛。淸旋即興師討平。布爾尼被殺。于是內蒙之地。全入版圖。爲盟六。部落二十有五。旗五十一。錫以爵祿。蔚爲屏藩。古人所兢兢于夷夏之防者。今則內外一家。民國成立。內蒙之嚮順不衰。嗚呼休矣。

淸既平定內蒙。外蒙如喀爾喀聞戰捷之報。亦先後來歸。順治三年。喀爾喀之土謝圖汗及車臣汗部雖先後謀叛。然淸兵所臨。無不歸誠。後更討平準噶爾。編入俄圖蓋已。舉漠南北悉隸于統治之下矣然自民國開元庫倫狡逞雖已强就範圍俄人竊伺。在在堪虞內蒙又被日本垂涎竊念從來開創之艱益知守圉之不易不禁炫然已。

中華民國五年十二月初版

中華民國五年十二月初版

每部附圖大洋壹元

編述者　臨川花楞

印刷
發行所　北京共和印刷局
琉璃廠西頭路南
電話南局六十三

發行所　北京經緯書局
上海羣益書社

分售處　各大書坊
各軍事書社

德意志軍國主義出版預告

臨川 花楞編譯
長沙 蕭也規
彭耕校訂

◉一內容 分十一章首述軍國主義云何次述德意志建國之由來與軍國主義次德意志之國民性及思想界與軍國主義次德國皇帝與軍國主義次德意志世界政策之根抵次德意志世界政策之實施次德意志之陸海軍次德意志之教育次德意志之實業次今次之歐洲大戰與德意志之軍國主義次結論

◉一特色 列强角逐惟金與鐵歐戰至今德國特以繼續持久之戰鬥力當四面之勁敵推倒一切實由其涵濡孕育於軍國主義者至深且遠本書推闡德國强盛之源兼窮究我國歷史社會之沿襲爲根本之救濟實業教育與夫陸海軍之行政參稽羣書尤爲翔備其補助于軍政工商實業各家者爲益不尠印行在即先此預告

北京琉璃廠 共和印刷局 經緯書局 **啓**

〔清〕佚名 纂

内外蒙古路程表

清末抄本

庫倫兵備處存查

內外蒙路程表